全国幼儿教师培训用书

梦山书系

丛书主编：袁爱玲

幼儿园
民间体育游戏课程

赵晓卫 李丽英 袁爱玲 编著

海峡出版发行集团 | 福建教育出版社

总　　序

　　如今，在幼教界最热的话题之一就是"幼儿教师专业成长"。时代列车一日千里，幼儿教师若想赶上这趟时代快车，就必须让自己在专业上持续快速地成长。对此，教师们自身应有清醒的认识并积极奋斗。与此同时，各级政府和社会力量也正在努力营造让幼儿教师轻松实现专业成长的条件与氛围。我们组织编写的这套"全国幼儿教师培训用书"正是为了满足幼儿教师加速专业成长的需求。

　　此套丛书的编写理念是以幼儿教师为中心，走进教师们的专业生活、精神生活甚至是日常生活，聚焦她们频繁遇到的问题，以面对面、心贴心的亲切感来分析解决幼儿教师们的困惑、谜团、问题与困难。这套丛书由《幼儿园教学具设计与使用指导》《幼儿教师教学基本策略》《幼儿园生活活动指导》《幼儿教师如何做教科研》《家园沟通的艺术》《国外幼儿教育考察》《幼儿教师心理调适》《幼儿园数学学具的设计与使用》《幼儿园文案轻松写》《幼儿园民间体育游戏课程》《幼儿行为管理》《幼儿教师如何提升实践反思能力》《幼儿园体育器具开发与应用 90 例》《幼儿园游戏指导策略》等构成，内容基本涉及幼儿教师专业生活的方方面面。

　　放眼世界学前教育对幼儿教师专业成长的研究，可归纳为三种主要的价值取向，即专业技术取向、实践反思取向、文化生态取向。我们认为这三种专业发展与成长的价值取向并非是对立关系，而是各有所长的互补关系。因为，幼儿教师这个职业虽然不比医生、律师的专业度高、技术性强，但也绝不是没有专业性、技术性的职业，因而非本专业的人是绝对做不好此项工作的，必须经历一定程度的专业学习才可胜任。而且，现实也清楚地显示幼儿教育专业毕业的人并不是立即就能做好此项工作，还必须经历一定时间的实践，并通过不断反思，才能将学科知识、教育教学知识以及关于教育对象——幼儿的知识有机地整合在一起，形成实践智慧，成为专业熟手。也就是说专业知识和专业技能本身并不等于教育教学中的实践智慧。现实还告诉我们，每个教师的专业成长绝不仅仅是单纯的、孤立的个人行为，恰如一粒种子本身并不能完全决定自己的长势和果实，种在不同质量的土壤中，其成长的样态和果实会大不相同。遇上肥沃的土壤，其长势就好，果实就佳；反之则不然。这也就是说，教师个体的专业成长与其所在园所或地区的文化生态环境关系密切。

因此，综合这三种专业发展取向，我们这套丛书力求提供有专业度的指导，但又不是干巴巴的说教，尽可能将专业知识还原到具体的情境中，让它们鲜活起来。与此同时鼓励老师们学与做结合，边做边反思，而不以书本为教条。我们更建议幼儿园打造学习型组织，形成学习共同体，培养终身学习的理念和终身学习的习惯，在这样的园所文化生态环境下，每个幼儿教师的专业成长才能持续，才能提速，才能搭上时代快车。

由于编写人员来自全国各地许多高校和幼儿园，在写作中互动沟通难免不够密切，加之能力水平所限，令这套丛书距离我们的预期目标可能会有不少差距，也会有众多不足，万望广大幼儿教师朋友们不吝赐教，以便再版时修改完善。

华南师范大学　袁爱玲

2012 年 3 月 10 日

目 录

引言 ·· 1

第一章 走进民间体育游戏 ·· 2

    第一节 民间体育游戏的起源/2

    第二节 民间体育游戏的概念/6

    第三节 民间体育游戏的特征/8

第二章 民间体育游戏走入幼儿园 ·· 14

    第一节 幼儿园体育和民间体育游戏/14

    第二节 民间体育游戏向幼儿园体育课程的转变/18

    第三节 幼儿园民间体育游戏课程资源开发/22

第三章 幼儿园民间体育游戏课程目标 ······································ 27

    第一节 各年龄阶段幼儿的运动特点/27

第二节　幼儿园民间体育游戏的课程目标/29

第四章　幼儿园民间体育游戏课程内容 ……………………………………… 32

第一节　幼儿园民间体育游戏课程的内容取向/32
第二节　幼儿园民间体育游戏的具体内容/33

第五章　幼儿园民间体育游戏课程的教学组织与实施过程 ………………… 37

第一节　幼儿园民间体育游戏课程的教学组织与实施原则/37
第二节　幼儿园民间体育游戏课程的教学组织形式/41
第三节　幼儿园民间体育游戏课程的教学过程/46
第四节　幼儿园民间体育游戏课程教学过程中教师的角色/49
第五节　幼儿园民间体育游戏课程的家园合作/50

第六章　幼儿园民间体育游戏课程的评价 …………………………………… 55

第一节　幼儿园民间体育游戏中幼儿的行为表现评价/56
第二节　幼儿园民间体育游戏课程的评价方法/63

第七章　100项幼儿园民间体育游戏设计 …………………………………… 71

第一节　幼儿园器材类民间体育游戏/71
　　1. 赶陀螺/71
　　2. 打弹弓/73
　　3. 沙包游戏：打尾巴/74
　　4. 沙包游戏：躲子弹/76
　　5. 沙包游戏：跑城/77

6. 沙包游戏:跳跃和平衡/79

7. 沙包游戏:踢沙包/80

8. 沙包游戏:打怪兽/82

9. 铁环游戏:向前冲/83

10. 铁环游戏:跳跃练习/85

11. 跳绳游戏:单人跳绳/86

12. 跳绳游戏:多人跳绳/87

13. 跳绳游戏:跳跃和平衡/89

14. 跳绳游戏:钻山洞/90

15. 水枪游戏:射击/91

16. 水枪游戏:水枪搬运工/92

17. 板鞋游戏:乌龟快跑/93

18. 板鞋游戏:多足一二一/95

19. 竹筒高跷/96

20. 轮胎游戏:跳"土坑"/98

21. 轮胎游戏:爬轮梯/99

22. 轮胎游戏:滚轮子/99

23. 筛子游戏:平衡顶/100

24. 筛子游戏:逗沙/102

25. 筛子游戏:空中接物/103

26. 抓"小鱼"/105

27. 玩沙子/106

28. 升小车/107

29. 划龙舟(一)/107

30. 划龙舟(二)/109

31. 梯子游戏:平衡桥/110

32. 梯子游戏:爬山坡/112

33. 梯子游戏:上高墙/113

34. 梯子游戏:钻山洞/114

35. 竹竿游戏:跑竹马/115

36. 竹竿游戏:拍蝴蝶/116

37. 竹竿游戏:跳跃练习/118

38. 竹竿游戏:竹竿舞/118

39. 跳房子:单双脚自由跳/119

40. 跳房子:踢石子/120

41. 跳房子:送沙包回家/122

42. 套圈/123

43. 飞箭投壶/124

44. 竹蜻蜓/125

45. 拾豆子/126

46. 弹力球/128

47. 滑板车/129

48. 攻打"皇城"(一)/131

49. 攻打"皇城"(二)/133

50. 跳皮筋/134

51. 牛车爬坡/136

52. 凳子游戏:平衡练习/137

53. 凳子游戏:开火车/138

54. 凳子游戏:钻爬练习/139

55. 硬币游戏:撞钟/141

56. 硬币游戏:滚铜钱/142

57. 风车/143

58. 大象拔河/143

59. 荔枝陀螺/144

60. 抬花轿/145

61. 抓小偷/146

62. 两人三足/148

63. 抓尾巴/149

第二节 幼儿园徒手民间体育游戏/150

1. 猜拳跑城/150

2. 小蚂蚁搬家/151

3. 丢手绢/152

4. 贴膏药/153

5. 老鹰抓小鸡/154

6. 木头人/156

7. 老狼老狼几点了/156

8. 抓小鱼/157

9. 锁城门/158

10. 火车和飞机/159

11. 推小车/160

12. 挖地雷/161

13. 打豆腐/162

14. 摸瞎/163

15. 摸白菜/164

16. 猫捉老鼠/165

17. 弹拐子/166

18. 背靠背拖车/167

19. 切西瓜/167

20. 不倒翁/168

21. 红绿灯,停/169

22. 摇旱船/170

23. 踢皮球/171

24. 猜子/172

25. 我们邀请一个人/173

26. 跨步抓人/174

27. 偷"电报"/176

第三节　幼儿园亲子类民间体育游戏/177

1. 穿越绳索桥/177

2. 花轿向前冲/178

3. 脸盆大冒险/179

4. 快乐骑大马/179

5. 合力踩高跷/181

6. 运西瓜/181

7. 我抱你投/182

8. 抛接沙包/183

9. 接力快走/184

10. 齐心协力/185

结语 187

引 言

引　言

民间体育游戏

有一种游戏叫经典，有一种文化叫传承

有一种玩具叫记忆，有一种体育叫玩耍

民间体育游戏带给孩子的不仅是体育运动

更是健康和自然的性格力量

让孩子们体验民间体育游戏的乐趣

让孩子们健康快乐地成长

传统体育游戏的传承和发展

经典体育器材的开发和利用

最好玩的原生态儿童体育游戏

最有趣味的幼儿园体育游戏课程

老玩具新应用

老游戏新玩法

就在这里——幼儿园民间体育游戏课程

　　民间体育游戏在中国历史悠久，作为一种非物质文化遗产，她伴随着每一代儿童的成长。无需昂贵的资金和器材，对游戏场地没有过高要求，三五成群的伙伴，玩得就是那样开心和快乐，玩得就是那样起劲和沉醉。

第一章　走进民间体育游戏

第一节　民间体育游戏的起源

游戏是人类的天性，儿童能够在游戏中益智健体，成人能够在游戏中休闲放松。民间体育游戏有着锻炼、修身、娱乐等多重教育和生活意义，不需要价格昂贵的游戏材料，也不需要专业的空间场地，对儿童而言，几张纸、几块木条或几块小石块就可以开展民间体育游戏。在传统的民间体育游戏中，既有简单易行、随意玩耍的自由游戏，也有技艺精巧、要求性较强的规则游戏，只要三五个人参加就可以感受到体育运动的快乐了。

我国民间体育游戏在其漫长的历史发展过程中凝聚和传承了中国特有的民俗文化，然而，随着经济的发展，社会的进步，民间体育游戏发展到今天却渐渐淡出人们的视线，在孩子们的游戏中，民间特色的体育活动逐渐销声匿迹。现代化的儿童游戏活动中出现了高科技产品，高智力结构、机械化生产、材料高级等特点，使得很多玩教具价格昂贵、维护费高，如一辆儿童玩具四驱车价格高，配件额外消费多，且不易保存，不仅浪费资源，而且使儿童与自然环境的互动越来越少。重拾民间体育游戏作为幼儿的体育教育内容，才能将这些淳朴、好玩和富有文化特色的体育活动继承和发展下去。

民间体育游戏是民俗文化的内容之一，它随着人类生活的实践而产生和发展，随着人类文明的进步而发展完善，体现着人类基本的社会观念和精神品质。有关民间体育游戏起源的说法，万建中在《中国民间文化》中从民间艺术的起源一说指出，"关于民间艺术的起源，有种种不同的观点，主要有模仿说、巫术说、游戏说和劳动说"[1]。钟敬文在《民俗学概论》中关于民间游戏起源的观点认为："民间游戏娱乐起源于宗教说、巫术说、劳动说和兵事说。"[2] 虽然两者阐释的角度不同，但无论是民间艺术还是民间游戏娱乐都为民俗文化的起源依据。民间体育游戏作为民俗文化的一部分，具有民俗文化起源共同的特征，归纳而言，可从以下几个方面进行认识：

一、模仿说

人类有天生的模仿性。古希腊哲学家德谟克利特说："人从天鹅和黄莺等歌唱的鸟学会了唱歌。"[3] 人类的很多行为和举止都是在大自然的生产和生活中习得和继承下来的。民间体育游戏是人类在生活和生产实践中模仿外界事物的声音、动作、形状等特征的民间文化产物，如大象拔河的体育游戏，就是从牦牛之间对抗的行为模仿而来的。民间体育游戏的模仿体现在两个方面。

第一，民间体育游戏的模仿离不开人类的生活经验。模仿是人类特有的学习能力，美国心理学家班杜拉从社会学角度把人类与环境、与他人在交互过程中的学习称为模仿。模仿对人类文化的形成和传递起着不可忽视的作用。在民间体育游戏中如"骑竹马""抓蝴蝶"和"老鹰抓小鸡"等游戏都源于对动物的行为模仿，再如"打弹弓""攻皇城"是源于军事斗争的行为模仿。

第二，民间体育游戏的模仿体现出较高的智力化。随着人类文明的发展，人类在模仿外界事物的行为中逐渐摆脱了身体运动的简单活动方式，而具有更多的智力要求。这些要求体现在对体育游戏规则的要求和制订上，人数、场地和时间的安排都变得复杂而严格，如在"撞钟"游戏中，参与者必须要掌握先后顺序、远近距离和目测能力等技能经验才能进行游戏活动。民间体育游戏基于人类的模仿，但又由人类智慧的创编和发展而成。

---

[1] 万建中著，《中国民间文化》，北京师范大学出版社，2014年，204页。
[2] 钟敬文主编，《民俗学概论》，上海文艺出版社，2009年，355-357页。
[3] 伍蠡甫主编，《西方文论选》上卷，上海译文出版社，1979年，5页。

二、军事说

许多竞技类的民间体育游戏多与军事训练内容相关。"寓武于娱"的民间体育游戏是具有教育意义的体能活动。这些体育锻炼最初在军队中进行，后逐渐流传于民间成为一种娱乐性的体育活动。在这些带有军事色彩的体育活动中，有直接锻炼身体技能的游戏，如"拔河"，据《隋书》记载是水军用于练习拖拉缆绳的军事训练项目，到南北朝成了民间寒食节的游戏项目；再如"斗牛"（俗称弹拐子）活动是军队为了提高士兵身体平衡能力和激发斗志的游戏项目。

三、巫术说

民间体育游戏是民间艺术的一种表现形式，关于民间艺术的起源，西方国家的研究者认为多数与巫术活动有关。"现代原始族群的模仿野兽的舞蹈、画身与文身，以及大型狩猎活动前后的祭奠仪式与歌舞活动等，都是原始人利用巫术为自己的目的服务的行为。"[①] 在我国，不少体育游戏项目代表着一种敬畏的精神态度和意识，民间在特定节日前举行的体育活动也与巫术有关。如我国北方的山西、陕西等地，每逢春节都会举行"划旱船"项目，目的在于驱赶疾病，祈求来年风调雨顺、大吉大利，而在南方则为竞渡禳灾的"划龙舟"比赛。这些民间体育活动均带有"超自然力量"的除邪恶、求平安的目的，但随着时代的变化，这些民俗活动的巫术色彩逐渐消失并演变为民间的体育娱乐活动。

四、游戏说

游戏"是体育的重要手段之一"[②]，游戏活动具有自身独立的社会遗传学价值，无论是动物之间的追逐玩耍，还是人类的体育娱乐，这些行为都有着

[①] 万建中著，《中国民间文化》，北京师范大学出版社，2010 年，206 页。
[②] 《辞海》，中华书局香港分局，1965 年，1846 页。

遗传、生理和教育之类的意义。在低等动物的游戏行为中，游戏是学习成年行为过程的一部分，而在人类社会中的民间体育游戏则具有其特有的社会学含义。

第一，民间体育游戏是一种社会性活动。成人通过体育游戏模仿不同的劳动、生产等环境面貌，反映着周围的现实生活，也反映着某地区特有的区域文化和民俗风情。对儿童而言，民间体育游戏是一种好玩的体育运动方式。

第二，民间体育游戏是一种学习性活动。英国哲学家斯宾塞从生物学和生理学的意义认为，"游戏和艺术都是'过剩精力'的发泄"，这种观点忽视了游戏的社会意义。《中国大百科全书·教育卷》从教育学的角度提出，游戏是"运用一定的知识和语言，借助各种物品，通过身体运动和心智活动，反映并探索周围世界的一种活动"。人们在民间体育游戏中，不仅能了解一些乡土风情，而且能在参与这些活动的过程中享受游戏乐趣、锻炼身体机能。

第三，民间体育游戏是一种娱乐性活动。游戏的一个基本特征是自由。"做游戏是参加者自觉自愿的行为"[①]，这种行为能够给游戏者带来纯粹的快乐。动物的天生运动本能是游戏产生的基础，对于人类而言，席勒认为人类在取得生活必需的物品之后，会利用剩余的精力创造一个自由的空间，这就是游戏。游戏出于人类自身娱乐消遣的需要，"所有传统节日都有各种游乐活动，而春节期间的游乐活动最为丰富"[②]。所以，今天，我国许多地区在传统节日时常会举行一些具有地方特色的体育活动来庆祝，如"泼水节""划旱船""踩高跷"和"划龙舟"等。

五、劳动说

民间体育游戏不仅是一种体育活动，也是人类社会艺术文化和艺术行为的表现形式之一，作为一种艺术形态，劳动对民间体育游戏的萌芽和发展起着根本性的作用。"劳动先于艺术"，按照马克思主义的观点，"艺术起源于以

---

① 陈连山著，《游戏》，中央民族大学出版社，2000年，11页。
② 万建中著，《中国民间文化》，北京师范大学出版社，2010年，191页。

劳动为核心的各种物质和精神的活动"。

"劳动作为人类生产生活的一切活动，它是大量娱乐游戏项目得以萌发的源头活水。"① 如人类在狩猎之前会模仿追捕野兽的动作和场景预祝狩猎成功，在狩猎完毕后又会跳与动物相关的舞蹈动作庆祝货物的丰收。再如北方地区的"二月二，龙抬头，大家小户使耕牛"的娱乐活动都与农作物劳作有关。现在流行的民间体育游戏如"投掷""套壶""丢沙包""打豆腐"和"摸白菜"等富有象征性的体育活动也都与古代的生产劳作有关系。

第二节 民间体育游戏的概念

一、何谓民间体育游戏

民间体育游戏是相对于上层体育运动或政府制定体育文化的内容而言的，民间体育游戏主要为广大民众所创造和享用，对于幼儿园而言，民间体育游戏是儿童所适用的游戏。相对上层"雅和文"的体育运动，民间体育游戏带有"野和俗"的运动特点。

邵荣关于民间体育的概念是："我国民间体育是各族人民在历代生产和生活斗争中逐渐创造出来的，用来强身娱心的重要手段。一般都有悠久的历史、健身的内容，简单而易行。各地有各地的风采，各族有各族的特色。城乡工矿，机关学校，男女老少，都有人参加民间传统体育活动。"② 刘魁立在其研究中将民间体育游戏分为民间游戏和民间竞技两个内容："民间游戏指流传于广大民众生活中的嬉戏娱乐活动，俗称：'玩耍'，而民间竞技指'民间举行的各种形式的赛力、赛技巧和赛技艺活动'。"③ 刘魁立又将民间游戏分为游戏、斗赛游戏、季节游戏、训话动物等12个类别。钟敬文从娱乐为目的的角

---

① 钟敬文著，《民俗学概论》，上海文艺出版社，2009年，357页。
② 邵荣、柯玲，《体育民俗学初探》，《体育与科学》，2006年，第3期。
③ 刘魁立、张旭主编，《民间游戏与竞技》，中国社会出版社，2008年，2页。

度认为："游戏娱乐，是一种以消遣休闲，调剂身心为主要目的，而又有一定模式的民俗活动……从内容和性质上分为民间游戏、民间竞技和民家杂艺。"①其中有简单易行、随意性较强的游戏，也有技艺精巧、规则严格的竞技。白晋湘提出："民间体育是广大民众在日常生活和活动空间中创造的、有着固有方式和文化内涵的体育文化，这些体育文化有自由、自发、自然、散落等生活方式特点。"② 上述概念中，无论怎样分类，怎样命名，民间体育游戏都有其共有的特性，即都是属于大众生活和文化的民俗活动。

综上可知，民间体育游戏是源于民间生活并由人们继承和发展的娱乐性体育运动。民间体育游戏的本质特征有：第一，民间体育游戏是在人民大众中产生并发展的；第二，民间体育游戏有娱乐性和竞技性；第三，民间体育游戏具有传统体育和现代体育的特征。虽然诸多学者将民间游戏和体育竞技两个部分拆分开来进行概念阐述，但是，在现实中，民间游戏和体育竞技经常是你中有我，我中有你，即所有的民间游戏中都存在不同程度的竞技特征，而体育竞技活动也经常带有很强的游戏特点。为了便于阐述幼儿园民间体育游戏课程的研究内容，结合幼儿园民间体育游戏教学开展的需要，我们将民间游戏和体育竞技统称为幼儿园民间体育游戏。

二、何谓幼儿园民间体育游戏

幼儿园民间体育游戏是文化。对于儿童而言，民间体育游戏特指那些在儿童生活中广泛流行，并且成为代代传承的文化的传统游戏。

幼儿园民间体育游戏是一种文化传递。幼儿园开展民间体育游戏是对民间体育娱乐文化的认识、利用、开发和继承的学习过程。

幼儿园民间体育游戏是一种互动游戏。幼儿在体育活动中表现出人与人的互动、人与环境的互动和人与文化互动的学习过程。

幼儿园民间体育游戏课程开展的四种教育观点：健康教育第一位，游戏

---

① 钟敬文主编，《民俗学概论》，上海文艺出版社，2009年，368页。
② 白晋湘著，《民族民间体育》，高等教育出版社，2010年，2页。

为活动中心，继承和发展传统文化，原生态游戏和现代体育的结合。

在幼儿园教育中，健康领域是首要位置，体育运动是儿童健康教育的重要内容之一，将民间体育游戏引入幼儿园教学，可以丰富幼儿体育活动课程。从幼儿园课程角度出发，为进一步理解民间体育游戏的内涵，我们可将民间体育游戏分为民间和体育游戏两个概念进行解释。民间具有四个含义：第一，活动源于大众并适合群体游戏，具有大众性；第二，活动体现了游戏的方式，具有娱乐性；第三，活动被继承和发展下来，具有传承性；第四，活动源于生活经验，具有生活性。体育游戏是将体育和游戏相结合开展的运动活动，幼儿园中的体育游戏具有健体、益智和娱乐功能。因此，体育游戏可以理解为儿童借助游戏方式而开展的、有目的的体育锻炼，并且这些体育游戏内容具有特别的传统文化色彩。

鉴于上述分析，我们可以将幼儿园民间体育游戏定义为，为更好地达到儿童健康教育目的，将流传于民众生活中的游戏和体育竞技转化为幼儿园课程而开展的传统体育游戏，以及借助这些传统体育游戏开展的适合现代化幼儿健康教育要求的一系列民间体育游戏活动。这些活动具有大众性、游戏性、生活性、传统性、教育性和适龄性等特点。本书中民间体育游戏的年代定位于为 20 世纪 70 年代以前的怀旧玩具和民间游戏内容，取自我国各地区、各民族从古到今的传统体育游戏内容。

第三节　民间体育游戏的特征

受各地经济文化和物质文化的影响，民间体育游戏在民众生活中的表现形式和内容也各有不同。朱淑君认为，民间体育游戏有三个基本特征：第一，传承性，一种游戏，一旦形成一定的形式、规则并被人们认可，便会在民间代代相传；第二，变异性，同一项游戏的名称、内容、方法在各个地域会有较大不同；第三，地域性，"游戏在某个地区产生流行，必然受此地区的地理环境和人们的生活、风俗习惯的影响"①。钟敬文认为民间游戏娱乐具有"娱乐性与竞技性、阶层性与对象性和地域性与民族性三个基本特征"②。作为中国传统文化的一部分，民间体育游戏既具有人类民俗文化的共性特征，又具有其自身的特性，结合以上观点，民间体育游戏的特征可从以下几个方面认识：

一、娱乐性

娱乐性是民间体育游戏的本质所在。民间体育游戏产生的最初目的是为了军事、巫术和劳作等，是一种严肃、神秘和有制度的民间活动。如，在珠江三角洲举行的龙舟比赛会有"斗标"和"放龙"的说法，比赛开始后岸上群众会燃放鞭炮以示祛除病灾，讨得好彩头之意。再如在北京、吉林流传的地上棋弈游戏"瞎子跳井"源于军事摆阵。但是这些民间体育游戏一旦被人们用来作为一种生活娱乐的调剂活动，便具有了娱乐性质。

民间体育游戏传承至今，多数已经成为群众为闲暇娱乐而开展的活动。游戏是民间体育最重要的开展形式，民间体育也随着游戏的开展而变得生动、有趣。民间体育游戏的娱乐性给人们带来更多的运动乐趣和生活情趣，不仅被成人所喜爱，也受孩子们所追捧。

二、竞技性

多数民间体育游戏活动都带有竞技性。超过对手、击败对方以赢得胜利是每一个游戏者都想达到的目标。这些竞争因内容的不同所表现的方式也不同，有的是智力竞争，有的是体力竞争，有的是技术竞争等。智力竞争需要在游戏时沉着冷静，思维变通，如下棋、猜手指等游戏；体力竞争是体能之间的对抗，包括奔跑速度、力气大小的较量，如抓尾巴、老鹰抓小鸡等游戏；技术竞争是比赛身体灵活程度和各部位运动技巧熟练的程度，如滚铁环、拾

---

① 朱淑君著，《民间游戏》，海燕出版社，1997年，7-9页。
② 钟敬文主编，《民俗学概论》，上海文艺出版社，2009年，358-362页。

豆子等游戏。

竞争性的民间体育游戏不仅能让参与者体验愉悦感，更能磨练参与者的意志，达到提高技能和开启心智的运动效果。所以，从一定意义上说，民间体育游戏如果没有竞技性就会失去其娱乐的价值，尤其对于幼儿园的孩子们来说，他们更愿意面对有挑战性的体育游戏活动。

三、规则性

民间体育游戏之所以能受到成人的喜爱，是因为民间体育游戏的开展有游戏规则的要求，这些规则的制订一是为了提高体育运动的可操作性和娱乐性，二是为了给参与者提供公平竞争的平台，三是让游戏具有竞争性以提高参与者的兴趣，四是这些规则可以由参与者在游戏中修改和提出建议，使游戏能够变化多样。

如跳绳、挖地雷、丢沙包等游戏不仅有基本的游戏规则，在基本规则的基础上参与者也可以自行决定他们的玩法，如在丢沙包和跳格子的组合游戏中，将沙包依次投入格子里后，参与者可用手拿起沙包跳出格子，也可用脚弹跳着将沙包踢出格子，或用腿夹住沙包双脚跳出格子等，幼儿可自行商议决定采用哪种方式，从而在游戏中形成严格遵守规则的纪律意识。

四、生活性

"人类战胜自然，发展自身的生产活动，它是娱乐游戏项目得以萌芽的源头活水。"[①] 民间体育游戏反映着人们当时的生活状态。在民间体育游戏起源中我们了解到了多种说法，其中提到的投掷、射箭、踩植和老牛车游戏，都与人们当时的生活需要紧密相关，而我国在 20 世纪 70 年代的滚铁环游戏就与当时钢铁工业的兴起和发展有关，再如因种地而自娱自乐的"摸白菜"游戏，因看到动物的追跑而编成的"老鹰抓小鸡"游戏，因军事部署而设计的

---

① 钟敬文主编，《民俗学概论》，上海文艺出版社，2009 年，357 页。

"挖地雷"游戏等,都具有很强的生活性。

五、地域性

民间体育游戏地域性体现在受地域条件和气候温差等因素的影响,各地体育运动的内容和形式有不同的特征。

"南方好傀儡,北方好秋千",因我国地域分布较为广阔,南北民间体育游戏也各具特色。北方天高地阔,四季分明,冬季寒冷,夏季炎热,在适应大自然的生产生活中,北方的竞技游戏比较发达,如摔跤、斗牛、骑竹马等动作性幅度较大,而南方气候温和,绿树青山,当地人们善于智力和技巧类游戏,如猜谜语、棋弈等。

在竞技类的民间体育游戏中,北方多平原和山地,所以奔跑类、骑射类、斗技类运动居多;南方多为山乡水滨,所以竹木竞技、戏水游舟之类的运动居多。再如北方在秋天有一种游戏叫"撒杠",是儿童用秋天落叶的茎部作为游戏材料,将两根叶茎合在一起用力拉扯,比比谁的"杠"最硬,只要随手将落叶捡起,就可拿来玩耍。当然,一些民间体育游戏虽然叫法不同,但玩法相同,如"划船"游戏,北方的"划旱船"游戏在陆地上进行,而南方的"划龙舟"游戏则是在水中进行。

六、民族性

各民族因饮食习惯、生活方式及居住区域的不同,其民间体育游戏也带有强烈的民族色彩,即是具有民族文化的体育运动。

北方少数民族以游牧为主的生活方式使得他们性格粗野豪放,因此,体育活动以勇武和竞技为主,摔跤、赛马和射箭带有蒙古族的民族性格。在汉族地区,游戏形式平和多样,如"放风筝""打陀螺""风车""滚铁环"和"丢沙包"等体育游戏多在庭院和连片的屋顶进行。南方少数民族的"板鞋竞速""泼水节""筛子"和"顶罐走"等游戏也具有当地的民族特色。

七、年龄性

民间体育游戏虽然是一种大众化的体育运动，但是因为规则、目的、难易度和智力要求的不同也体现出年龄划分。按照年龄要求，民间体育游戏可划分为成人类民间体育游戏和儿童类民间体育游戏。成人民间体育游戏其功利目的都较为明显，且游戏规则较为严格，高技能、技巧的运动居多，如以竞技为主的赛马、划龙舟、摔跤等游戏，传统节日的一些庆祝类和祭祀类的民间体育活动也都是适合成人进行的运动项目。

在民间体育游戏中，还有很多适合儿童玩耍的体育游戏。多数研究者将适合儿童玩耍的民间体育游戏作为研究的重要内容，如许浩的《图说民间游戏》一书中，适合儿童玩耍的游戏就有150种以上。

八、想象性

想象是人根据原有形象基础在头脑中产生新形象的能力，这种想象能够让游戏的参与者突破时间、空间和条件的限制而进行体育活动。因为民间体育游戏的开展多是以游戏的方式进行的，所以在游戏中参与者能把自己假想为某种运动的主角，参与者也可将体育和游戏的场地想象为真实的存在。

对于幼儿而言，他们天生具有的丰富想象力更容易在民间体育游戏中得到发挥和发展。在民间体育游戏中，参与者的角色融入是想象力发挥的起点，尤其对于幼儿来说，每个活动中他们总能将自己全身心地融入到游戏中。如，"骑竹马"游戏中，幼儿见过成人骑马的运动，只要将竹竿想像成马，把地面想成大草原，将竹竿骑在胯下，嘴里喊着"驾、驾"，模仿着马，侧身跳跃前进就开始了骑马的游戏。

九、健体性

民间体育游戏是一种体力、智力和精神相结合的运动。它让人们的精神享受到游戏乐趣的同时，身体也得到了锻炼。

在民间体育游戏中，既有拔河、划龙舟和爬杆等使用力量抗衡而增强体力的体育运动，又有夹筷子、跳绳、投壶和纸飞机等发展小肌肉运动技能技巧的游戏活动。多数民间体育游戏囊括了所有身体运动的动作内容，所以，在幼儿园开展民间体育游戏，将攀、爬、走、跑和跳等动作整合到各个游戏活动当中，能够有效地满足幼儿锻炼身体的需要。

十、现代性

民间体育游戏通过群体传承、家庭传承和社会传承三种基本方式流传至今，形成了一种相对稳定的运动文化模式。但这些"民间记忆"随着时代的变迁也发生了一些本质和形式上的变化。如一些民间体育游戏最初是为宗教或祭祀服务，后来变为人们娱乐的方式。再如"投壶"游戏最初是古代王公贵族饮酒娱乐的室内体育活动，现在则已成为广大群众玩耍的活动，在广场、路边我们仍可以看到人们在聚精会神地将"箭羽"投入前方的"壶中"。

多数民间体育游戏的基本玩法还在继续保持着，但随着人类社会的发展和进步，继承和发展下来的一些民间体育游戏的器材和玩法都逐渐带上了现代生活的色彩。如"竹水枪"和"弹弓"等游戏工具由竹子或木材制作转变为用塑料制作，儿时手工做的"木手枪"也变成了仿制的塑料手枪并可打出"子弹"，沙包的制作也可以用机器一次成型而代替过去的手工缝制。除了材料上的改变外，一些传统民间体育游戏的规则要求也有所改变，即使是同一传统体育游戏也可变化出许多新的玩法，传统体育与现代体育的结合可以开发出更多实用的幼儿体育活动。

第二章　民间体育游戏走入幼儿园

民间体育游戏园本化是一种将民间体育游戏资源进行整理、改变、创新和应用的开发和实践过程。在这个过程中，基础条件是大量的民间传统体育活动资源，筛选的要求是具体活动须适合在幼儿园教育教学活动中开展，最终目的在于丰富幼儿园体育课程，促进幼儿身心的健康发展。

第一节　幼儿园体育和民间体育游戏

一、幼儿园体育与民间体育游戏的不同

（一）概念的不同

体育有广义和狭义之分，广义的体育是社会中的一切体育活动，包括竞技体育、大众体育和学校体育；狭义的体育特指学校体育，这种体育具有系统性和科学性，是根据人的生长特点和运动的基本规律，为促进机体生长发育，提高健康水平而开展的一系列体育教学活动。

幼儿园体育是健康领域教育的重要组成部分，是按照幼儿身心发展特点和机体的生长规律而开展的一切体育活动，包括早操、户外活动、体育游戏等三个方面，其目的在于使幼儿身体机能和运动机能得到发展，并促进幼儿心理的健康成长。

民间体育游戏也是体育的一部分，是一种大众体育，具有竞技性、娱乐性、地方性等特点，是增强体质、提高个体运动水平机能的社会文化生活，其

中的大部分活动都可以开发为幼儿园体育活动,是非常丰富的体育课程资源。

从概念中可以看出,虽然同为体育活动,但幼儿园体育是一种施教过程,有专职的施教者,有教学计划、有学习目标;民间体育游戏则是一种娱乐活动,其活动形式较为自由,不具有学习目标和发展的长期计划性。

(二)对象的不同

幼儿园体育是学校体育的一部分,民间体育游戏是大众体育的一部分,"民间游戏娱乐不仅有一定的阶层性,而且还有一定的对象性,这种对象性是就人的性别、年龄阶段而言的,其面向的对象有儿童、成人和老人"。[①] 不同性别的人有不同的运动偏好,不同年龄段的人也有不同的游戏娱乐。而幼儿园体育面向的教育对象是6岁以下的幼儿,在内容选择上以攀、爬、走、跑跳、悬垂为基本动作,并且是所有幼儿都要接受这些学习内容。

(三)目标的不同

幼儿园体育教育目标的设计依据是幼儿的身心特点,具体可分为身心状况、动作发展和生活习惯与能力三个领域的目标(见下表)。

表 2—1 幼儿园健康教育目标[②]

领域	目标
身心状况	1. 具有健康的体态 2. 情绪安定愉快 3. 具有一定的适应能力
动作发展	1. 具有一定的平衡能力,动作协调、灵敏 2. 具有一定的力量和耐力 3. 手的动作灵活协调
生活习惯与能力	1. 具有良好的生活与卫生习惯 2. 具有基本的生活自理能力 3. 具备基本的安全知识和自我保护能力

---

① 钟敬文主编,《民俗学概论》,上海文艺出版社,2009年,361页。
② 国家教育部,《3-6岁儿童学习与发展指南》(健康部分),2012年10月。

围绕幼儿身体发展状态、情绪表现和适应能力三个方面提出的幼儿园体育教育目标，是一种具有系统性、科学性、结构性和可持续发展的教育目标。

民间体育游戏作为一种游戏娱乐活动，是一种"以消遣休闲，调剂身心为主要目的，而又具有一定模式的民俗活动"[①]。从查阅的相关材料中可以将其归纳为三个领域的活动目标（见下表）。

表 2—2　民间体育游戏活动目标

领域	目标
公共文化	1. 祭神娱神，祈福保佑
	2. 调剂大众生活，丰富社区文化生活
体育锻炼	1. 增强体力
	2. 发展身体运动技能、技巧
社会交往	1. 增强群体意识，培养集体精神
	2. 相互交流，促进社会和谐稳定

与幼儿园体育活动相比较，民间体育游戏首先是一种民族性、地域性的娱乐文化活动，其次才体现其体育锻炼和社会交往的意义，而幼儿园体育活动则始终以促进幼儿身心健康发展为首要目标。

二、幼儿园体育与民间体育游戏的共性

民间体育游戏的园本化，就是将民间体育游戏资源开发并融入到幼儿园教学当中，为幼儿园体育学习活动所服务。民间体育游戏之所以能够融入幼儿园的体育课程，在于民间体育游戏所具有的特征及其所蕴含着的体育教学价值。

（一）活动主体的共性

幼儿园体育教育的主体是 6 岁以下儿童，而民间体育游戏中的儿童游戏则"是民间游戏的主要组成部分"，"他们三五成群，结伴而行，跳房子，抽

---

① 钟敬文主编，《民俗学概论》，上海文艺出版社，2009 年，335 页。

陀螺，荡秋千，捉迷藏，迈大步，兴趣盎然"[1]。儿童游戏中的大部分都适合6岁以下的儿童，所以，从活动主体而言，一些儿童类民间体育游戏较容易在幼儿园开展。

（二）活动目标的共性

民间体育游戏有益智、益体等多方面的作用，陈连山在《游戏》中将民间游戏分为身体活动的游戏、巧用器具的游戏和智力游戏三种，除了锻炼身体、提高运动技能和促进智力发展外，民间体育游戏还有助于幼儿情绪的表达和发展、社会交往技能的提高和语言思维的发展，这些与幼儿园体育教育目标有很多相同之处。仅就单一的体育锻炼目标而言，民间体育游戏和幼儿园体育活动都有助于幼儿身体动作能力的习得和提高，并促进幼儿心理的健康发展。

（三）活动形式的共性

幼儿园的基本活动形式是游戏，无论是其他领域的教学开展还是健康领域的学习活动都必须借助游戏的形式进行。教育是一种社会性活动，游戏是其中的一种互动形式。《辞海》中将游戏看作"体育的重要手段之一"[2]。幼儿园以游戏形式开展体育活动是由幼儿的学习心理特点决定的，幼儿喜欢运动、喜欢模仿和喜欢遐想的学习特点，决定了游戏是体育教学的主要方法。

民间体育游戏作为一种大众性体育活动，其一个重要特征就是具有游戏娱乐的功能。如炒豆子、贴膏药和滚铁环等民间体育游戏中充满着角色模仿、角色扮演和情境体验等娱乐色彩，不仅适合成人，亦符合幼儿天生爱玩的运动天性。

（四）活动内容的共性

幼儿园的体育活动分为基本动作的练习、早操的练习、体育游戏和运动活动四个基本部分。在民间体育游戏中，含有攀、爬、走、跑、跳、投掷和悬垂的动作练习，并在游戏活动中开展具有娱乐性和竞技性的体育活动，尤

---

[1] 钟敬文主编，《民俗学概论》，上海文艺出版社，2009年，361页。
[2] 《辞海》中华书局香港分局，1965年，1846页。

其是在动作的表达上具有非常明显的地方特色，如竹竿舞、踩高跷、舞龙、划龙舟和抬花轿等民间体育游戏都是利用一些生活器材进行体育运动的。这些民间体育游戏无论在动作练习上，还是开展的形式上都与幼儿园体育活动具有一致性和相似性。所以，民间体育游戏无论从游戏内容、规则上，还是表达形式上都是幼儿园体育活动的重要教学资源。

只有充分认识幼儿园体育活动与民间体育游戏的异同，才能对幼儿园体育教育和民间体育游戏有一个清晰的认识，以便挖掘民间体育游戏的教学价值，合理整合民间体育游戏的教学资源，为幼儿园的健康教育服务。

第二节　民间体育游戏向幼儿园体育课程的转变

《幼儿园工作规程》指出："游戏是对幼儿进行全面发展教育的重要形式，应根据幼儿的年龄特点选择和指导游戏，因地制宜地为幼儿创设游戏条件，促进幼儿能力和个性的全面发展。"《幼儿园教育指导纲要（试行）》中也明确强调幼儿教育以健康为首要任务，在体育教学中要以游戏为其基本的活动形式。具有中国传统文化底蕴的民间体育游戏，蕴涵着我国人民的智慧，融会了中华民族特有的民族文化和体育（运动）文化。其中相当一部分的游戏适合幼儿开展，能够丰富幼儿园体育课程内容，为幼儿园的体育课程提供更多的选择余地。因此，充分挖掘并开发民间体育游戏使其融入甚至转变为幼儿园体育课程有着重要意义。

一、幼儿园整合课程

整合课程，英文专业术语为 integration curriculum，我国教育界一般把它译作综合课程，是当前我们着力建设和探索的一种新的课程形态。文献显示"整合"（integration）这一术语是由英国哲学家赫伯特·斯宾塞在他 1862 年出版的《第一原理》中阐述进化哲学时创造的，后来"整合"的概念应用到了教育学当中。T. 泰勒在其课程理论中指出，整合性是课程实施的基本原则之一。20世纪初期，杜威提出应将知识综合化指导学生的学习活动；20世纪70年代，一些教育家开始强调课程内容横向组织的重要性。20世纪90年代中期，在美国"早期开端"计划及"瑞吉欧方案教学"等课程模式的影响下，我国幼儿园顺应国内外幼儿教育改革潮流，将整合性的课程观引入幼儿园的学科领域知识的编制和教学中。幼儿园整合性的课程观注重学科之间的横向联系，"即要求打破学科的界线和传统的知识体系，让学生有机会更好地探索社会个人最关心的问题"①。这是顺应幼儿园课程实施特点的趋势。整合性的课程观强调的是幼儿学习知识的广度而不是深度，强调的是一门学科中所渗透着的其他领域知识，课程的整合更注重的是幼儿在学习活动中所获得经验的体验过程。

在国外，课程整合通常指的是"使学习计划中分化出来的各个部分比较紧密地联系起来的专门努力"②。美国早期教育协会（NAEYC）认为，"将课程整合化的最主要目的是使课程对儿童更有价值"，并将整合性课程定义为："在儿童的经验范围内提供有组织的主题或概念，允许在一个或多个科目中抽取出教育目标的学习活动中去探索、去理解和去参与"。③幼儿园整合课程从狭义上讲是将两种或两种以上的学科综合在一起进行的教育教学活动。从广义上讲，课程整合是指将两种或两种以上的领域知识融入到课程整体中去，改变课程内容和结构，变革整个课程体系，创立综合性课程文化。整合性课程的设计和实施是多学科领域知识横向互动，注重幼儿动手探索能力的培养，促进综合能力发展，提供师生合作平台，实现以"幼儿为本"的新型课程潮流。

课程的整合化有多种方式，如学科领域的整合、环境的整合、专题的整合和发展方面的整合，幼儿园最常见的是对主题综合领域知识的整合。美国

---

① 施良方著，《课程理论—课程的基础、原理与问题》，教育科学出版社，1996年，116页。

② Arieh lewy（ed），The International Encyclopedia of Curriculum oxford，Pergamon Press，1991，P160。

③ Bredekamp，S & Rosegrant，T.，Reaching Potentiasl：Transforming Early Childhood Curriculum and Assessment，Vol.2，NAEYC，p168。

早期教育协会（NAEYC）发言人认为，整合性课程至少在以下六个方面促进儿童的学习：[①]

1. 能为儿童的经验提供关联性，并对意义的建构起作用。
2. 能让儿童看到每一课程领域对整个知识体系所起的作用。
3. 能改变各科目之间的相互隔离状态。
4. 能减少儿童活动转换的困难。
5. 能帮助儿童将大量必须学习的信息组织成有意义的概念。
6. 能有益于儿童像各种学科专家一样从各个领域出发学习知识。

整合课程的实施在这种横向知识的整合中，教师面临如下几个问题：

1. 任课教师需要熟悉各门领域的内容。
2. 一种核心课程怎样整合其他领域的内容。
3. 我们怎样整合才能更有效。
4. 儿童在这种整合教学学习中有没有足够的时间和适当的材料。
5. 哪些核心课程更能体现整合的概念。

二、整合性幼儿园民间体育游戏课程

《幼儿园指导纲要（试行）》指出："各领域的内容要有机联系，相互渗透，注重综合性……"体育活动本身也是可以整合的，在体育教学内容与实施过程中不仅有健康领域的知识，还联系着其他领域的内容，如社会、艺术、科学和语言等。

幼儿园民间体育游戏课程不只是关注幼儿身体健康的发展，而是充分顾及幼儿多方面的综合发展。在幼儿园民间体育游戏中，幼儿除了得到体育健康锻炼外，还要使认知、情感和身体各方面得到相互支持，从而让幼儿在民间体育游戏的过程中获得更多的经验和知识。

在国外的研究中，佩尼等人（Payne, V. G., et al., 1997）认为，"幼

[①] 朱家雄著，《幼儿园课程》，华东师范大学出版社，2003年，205页。

儿园体育运动可以成为整合性课程的核心科目,因为体育运动是具体的,从其他学习领域中来的重要概念,如形状、样式、空间等都较为容易与运动整合在一体"[1]。佩尼将体育活动为核心的课程以领域的方式整合,即体育课程中有音乐教育、科学教育、语言教育、社会教育、美术教育和数学教育六个整合学科。

为了更明确和具体地将幼儿园民间体育游戏的整合性教育内容体现出来,下图从人格、认知、体能、情感和文化五个角度的整合将幼儿园民间体育游戏的学习内容予以列举。

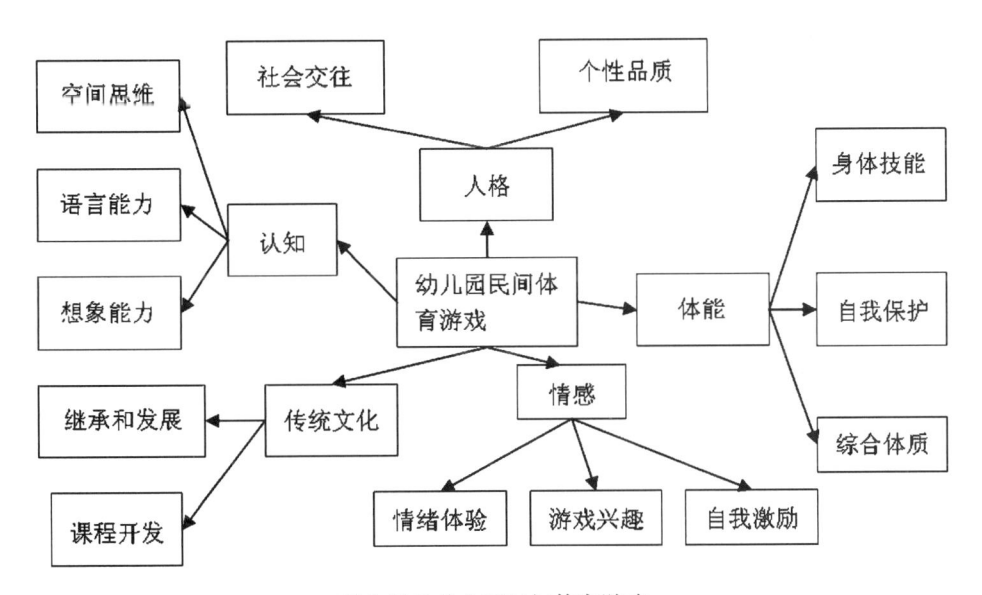

整合性的幼儿园民间体育游戏

以上呈现内容体现了幼儿园民间体育游戏在具体实践中的三个整合特点:
1. 体现了知识、情感、体能和文化等多领域知识的整合性。
2. 突出了健康教育为中心任务的教育目标。

---

[1] Payne, V. G. et al., Physical education in the developmentally appropriate integrated curriculum, In Hart, G. H. et al. (ed.), Intergrated Curriculum and Developmentally Appropriate Practice, State University of New York Press, 1997, P160。

3. 让幼儿在活动的过程中获得学习经验。

当然，并不是所有的幼儿园民间体育游戏都能包含如上内容。在整合性幼儿园民间体育游戏中，由于目标和内容的不同，在教学活动中所体现的整合点也各不相同。以"跳大绳"为例，当两个人甩绳子一个人跳绳子时，幼儿得到的是跳绳技能的发展；当甩绳子的幼儿与跳绳的幼儿一起边读儿歌边跳绳时，跳绳活动则整合了语言方面的内容；当多名幼儿同时参与跳绳时，跳绳活动又将社会交往能力的发展进行了整合。

不管在实践中以什么方式整合民间体育游戏，也不管用哪种方式来完成整合教育的目标，幼儿园民间体育游戏课程的出发点都是以身体运动为基本目标的，活动内容是以幼儿的现有运动经验为基础的。

第三节 幼儿园民间体育游戏课程资源开发

在幼儿园中，课程资源已不是新鲜概念，教师已经能熟练地将书本知识、家庭资源、社区资源及自然资源相结合开展教学活动，但民间体育游戏作为一种完整的课程资源开发还是一件新生事物。就全国的幼儿园来讲，能够将民间体育游戏改编为幼儿园体育课程的并不多，有的只是选择跳绳、丢沙包和打陀螺等几项传统体育游戏开展活动而已。并且，将丰富多样的民间体育游戏改编和创编为幼儿园体育课程，并找到课程实施的有效性教学规律的专业研究也并不多，在已收集的幼儿园实施民间文化教育的资料中，《走进民间艺术世界》《采撷盛开在民间的绚丽之花》和《爱上民间艺术》等专业书籍已从不同的角度进行了此方面的探索，他们为本书的研究提供了有价值的参考资源。幼儿园民间体育游戏课程资源的开发可以从以下几个方面着手：

一、因地制宜，特色开发

从理论和实践来看，任何一所幼儿园都是具体的、独特的和不可替代的，它所具有的复杂性和独特的文化符号是其他幼儿园所不具备的。幼儿园有特色体现为有特有的教育文化，这些教育文化有课程特色、管理特色、教育观特色、师资培训特色等，作为教育机构，最为明显的特色就是课程特色。特色幼儿园从本质上讲是一所幼儿园在其秉承的教育思想下自主进行课程开发，与其他幼儿园比不存在统一模式，特色建设的主体是课程资源开发的参与者和贡献者。而且，这些课程资源的实施是在不断调整、充实、完善，逐步形成具有个性特色的幼儿园课程。

在教育面向现代化发展的进程中，全国大多数幼儿园过于追求现代化而缺乏了地方特色，大一统的体育课程内容与幼儿的现实生活脱节，幼儿无法在现实生活中感受和体会具有民族特色的体育运动内容，无法将幼儿园与家庭、社会之间的生活和生存状态看成相互融合的整体，从而感受其内在的关联。因此，在开发幼儿园民间体育游戏课程中有时会产生一定的困惑。如，为幼儿园编排的参考教材中冬天都是下雪、堆雪人、打雪仗，但在南方一些地方如广东、海南等地一年四季都没有雪，而是阳光和雨水居多，以上传统游戏因环境因素无法开展，如果教师仍以传统的指导教材为主，那么对幼儿的教育则完全脱离了他们的生活经验。因此，将教育内容与幼儿实际生存状态和现实生活接轨势在必行，对幼儿园民间体育游戏资源的开发亦如此。

二、创设幼儿园民间体育游戏文化的学习环境

环境作为"会说话的老师"对幼儿发展的教育价值意义重大。认知心理学派强调，"儿童是在与自己周围的环境以及活动材料的互动中来形成自己的认知图式的"。蒙台梭利在教育实践中也非常注重为幼儿提供"有准备的环境"，瑞吉欧教育将"环境称为幼儿的第三位老师"。我国《幼儿园指导纲要》中指出，"环境是重要的教育资源，应通过环境的创设和利用，有效地促进幼儿的发展"[1]。幼儿园的环境创设包括哪些呢？朱家雄教授曾提出："幼儿园环境指的是能影响幼儿发展的幼儿园中的一切外部条件，它包括幼儿园的物质

---

[1] 教育部基础教育司组织编写，《幼儿园教育指导纲要（试行）解读》，江苏教育出版社，2004年，36页。

环境（如建筑、设备、材料等）、文化环境（如活动场所的布置、各种仪式活动等）和人际环境（如师生关系、同伴关系、幼儿园的传统和园风等）。"① "对幼儿园环境创设的过程就是把教育意图客体化的过程，换句话说就是把教育目的内容具体化贯穿融汇到所要创设的环境中去。"② 幼儿园民间体育游戏文化环境的创设主要体现在室内环境的民间体育特色和户外环境的自然运动特性上。

布置富有浓郁幼儿园民间体育游戏特色的墙面环境。在走廊、墙面贴上幼儿园民间体育游戏的照片及其文字介绍，在入园门口展示幼儿园民间体育游戏的日常课程，或是在楼梯、过道上装饰幼儿自制的民间体育玩具如风车、打宝和竹蜻蜓等。

设置幼儿园民间体育游戏区角。可在教室外门口处投放一些幼儿园民间体育游戏器材供幼儿晨间或放学后游戏使用，例如挑花线、沙包和跳绳等。

创设充满田园气息的户外环境。在活动区内开设平地区、沙池区、戏水池区和驾驶区等，幼儿可以在游戏区自由玩沙，并借用一些模型制作各种造型，夏天用水桶装满水，拿着水枪玩追逐游戏，在驾驶区或是推着轮胎奔跑，或是将轮胎自由摆放在上面玩耍等。

三、让幼儿成为课程资源的开发者

幼儿不仅是幼儿园民间体育游戏的创造者和继承者，也是幼儿园民间体育游戏资源的开发者。在后面的章节我们会对幼儿园民间体育游戏的设计和开发做详细讨论，但是在这里必须说明的是，在最初的幼儿园民间体育游戏资源的筛选编排中，我们确实忽略了幼儿对游戏的接受能力。在幼儿园民间体育游戏资源的筛选中涉及游戏场地的选择、活动年龄阶段、游戏规则的确定和游戏材料的使用和投放等问题，我们发现，某个动作能不能玩，某个游戏好不好玩，该怎么修改等都得靠孩子们亲自尝试了才能发现并解决问题。

---

① 朱家雄，《幼儿园环境创设的指导思想》，《早期教育》，1994年，第12期。
② 彭海蕾著，《幼儿园游戏教学研究》，兰州大学出版社，2002年，82页。

这些问题有的是一试便知，有的则是在相当长的游戏的过程中才能得到信息反馈。教师要向幼儿请教和学习，因为"一个人不懂小孩的心理，小孩的问题，小孩的困难，小孩的愿望，小孩的脾气，如何能教小孩？如何能知道小孩的力量，而让他们发挥出小小的创造力"①。当幼儿在进行幼儿园民间体育游戏的时候，他们的表现会告诉我们该怎么修改具体活动的规则，怎样才能更好地实现活动的目标。如，在"大板鞋活动"中设计的游戏方法是两人将脚绑在木板上协调行走，而幼儿自己设计的玩法是一个人将手和脚都穿在木板的绑带上爬着行走；在"挖地雷"游戏中为了避免孩子们跑得太快而撞伤，孩子们说"他们应该扮演机器人的将军和士兵"，因为这样大家就必须模仿机器人慢慢走路了；在滚铁环游戏中，铁环的铁钩是挂在外圈后端的，但是他们学了很久都不能将铁环推起来，偶尔有一两个孩子将铁钩挂在铁圈内前端，他们高兴地发现，对他们而言，用这种方式才能将铁环推动起来。

考虑到空间场地的大小、游戏规则、年龄特点以及教育实施等问题，幼儿园民间体育游戏课程资源的开发必须是科学和严谨的。因此，必须重视幼儿在游戏中的反馈，教师才能更合理地利用并开发民间体育游戏资源，使其融入并转换为幼儿园体育课程。

四、让家长助力课程资源开发

《幼儿园指导纲要》中明确指出，"家长是幼儿园教师的重要合作伙伴。应本着尊重、平等、合作的原则，争取家长的理解、支持和主动参与，并积极支持、帮助家长提高教育能力"②。家长的支持也会使幼儿在幼儿园获得的知识和经验得到巩固，同时也使幼儿在家庭中获得的知识和经验在生活中得到应用。

民间体育游戏曾伴随大部分家长快乐成长，不同背景、不同地区、不同

---

① 方明主编，《陶行知全集》第 3 卷，四川教育出版社，2005 年，451 页。
② 教育部基础教育司组织编写，《幼儿园教育指导纲要（试行）解读》，江苏教育出版社，2002 年，74 页。

文化的家长都曾有过一样的民间体育游戏经历，让家长用他们自己的亲身体验，将他们曾经玩过的民间体育游戏传授给孩子们，这不仅会给孩子们带来清新的体验和感受，更能使幼儿好奇、想象和探索等欲望得到极大激发和满足，同时也能为幼儿园民间体育游戏课程资源的开发注入新的元素。

第三章　幼儿园民间体育游戏课程目标

目标是指在活动中所期望的结果。幼儿园民间体育游戏课程在遵循孩子身体运动特点及规律前提下，利用民间游戏器材和游戏特点有目的、有计划地组织幼儿开展体育活动的学习，旨在让幼儿在学习过程中发展身体能力，提高认知能力，逐步建立社会交往能力，养成良好的健康心态和运动习惯。

第一节　各年龄阶段幼儿的运动特点

幼儿园民间体育游戏课程的目标制定依据是不同年龄阶段幼儿的身心发展特点，即小班基本以感知运动类游戏为主，中班以象征性游戏为主，大班以规则性游戏为主。

一、小班幼儿运动特点

小班幼儿以感知运动类游戏为主。小班幼儿体力较弱，身体各项基本运动技能较差，在平衡、力量和灵敏等方面的能力发展都比较慢。这一年龄段幼儿的思维具有具体形象性，模仿能力强等特点，还难以理解多数民间体育游戏的规则和要求，在器材使用上也比较笨拙。因此，幼儿园民间体育游戏在小班的设计上，内容比较简单，动作也容易完成，活动量较小，具体游戏的实施方法也不要求遵从原有的游戏规则。如，"滚铁环"游戏在小班开展活动时，幼儿可以双脚跳跃平放在地上的铁环，或双手推着铁环向前移动；玩"沙包"时，幼儿可以顶在头上走直线，练习平衡能力。原有的游戏规则不适宜小班幼儿，则需要教师灵活更改游戏目标和游戏玩法，幼儿只需在游戏中完成一项或两项任务即可。小班幼儿的民间体育游戏更侧重的是让孩子学习一些运动习惯，感受游戏的乐趣。

二、中班幼儿运动特点

中班幼儿以象征性游戏为主。中班幼儿在运动能力、语言表达能力和社会交往能力等方面都有明显提高，体力增强了，身体运动技巧也变得相对灵活和协调，较容易理解体育游戏的规则，也逐步掌握了幼儿园民间体育游戏的方法和技巧。这个年龄段的幼儿注意力比较集中，对体育游戏感兴趣，集体意识也有所增强，他们能够通过合作去完成各种体育任务。即使一些体育游戏的内容和情节较为复杂，他们也能够理解自己所承担的角色，能够纠正别人错误的做法。因此，对中班幼儿设计的民间体育游戏目标、任务的难度要相对提高，可以组合多种运动技巧于一项民间体育游戏中。如练习平衡游戏，在走平衡木时，幼儿的手里端着放着"粮食"的盘子，要在"粮食"不掉出盘子的情况下从平衡木上走过。同时，这一阶段的集体性民间体育游戏也可增多，在活动目标设计中，教师要考虑幼儿合作能力的培养。当然还需注意的是，相对大班而言，中班幼儿的运动能力是提高了，但躲闪技巧还较弱，对复杂游戏规则的要求还是理解有限。

三、大班幼儿运动特点

大班幼儿以规则性游戏为主。大班幼儿的身体动作更加灵敏，手眼协调和身体各部分关节的调节能力较强，体能充沛，在教师的指导下能完成一些相对困难的技能、技巧运动。对游戏规则，大班幼儿也较为容易理解和接受，并能在游戏中严格按照规则和要求进行活动。他们对体育活动的要求不仅仅停留在玩的层面上，更要求体育游戏具有挑战性。他们能够理解教师的指令，并能对游戏提出自己的看法，在运动选择上他们喜欢具有难度的体育游戏。如在"打陀螺""多人沙包""跳绳"和"偷电报"等幼儿园民间体育游戏中，幼儿会控制好自己的身体行为，保证在最快、最稳的情况下完成任务。在动作内容上，他们能在一项活动中连续完成综合技巧，对于游戏中更加丰富的角色、情节和任务，幼儿之间会讨论分工合作的方法，更加重视体育游戏的活动结果，喜欢在竞技游戏中有胜负的区分。

为了更好地理解同一游戏在不同年龄阶段的目标设计要求，我们以投沙包游戏为例说明。

游戏内容：投沙包

小班目标：1. 会用手拿紧沙包不掉在地上

2. 会将沙包从手里朝前扔出（无远近要求）

中班目标：1. 学会如何朝前投掷沙包

2. 能够将沙包投掷入前方的框里

大班目标：1. 能够快速将沙包投掷到其他小朋友的身上

2. 当沙包投掷过来时能快速躲闪，并尝试用双手去接住沙包

3. 两人合作将沙包投向在场地中间来回跑动的小朋友身上，以取得胜利

三个年龄阶段的投沙包游戏目标设计，小班幼儿需掌握基本的抓握和投掷动作；中班幼儿要求手眼协调，且能够将沙包投入目标中；大班要求不仅要投得准，还要掌握更多的投掷技巧和游戏规则。

综上，在设计民间体育游戏目标时，要依据各个年龄阶段幼儿的运动特点和运动能力的发展情况进行设计，使设计和组织的幼儿园民间体育游戏在不失民间文化特色的同时，满足幼儿的运动兴趣，适应幼儿的运动特点，促进幼儿身体能力的发展、情感的发展、语言的发展及社会交往能力的发展。

第二节　幼儿园民间体育游戏的课程目标

"确定课程目标，不仅有助于明确课程与教育目的的衔接关系，从而明确课程编制工作的方向，而且有助于课程内容的选择和组织，并可作为课程实

施的依据和课程评价的标准。"① 幼儿园民间体育游戏课程的设计和开展首先需要明确民间体育游戏课程的实施目标，在目标的指引下，才能选择适合幼儿开展的民间体育游戏，才能科学地组织民间体育游戏，才能对幼儿在民间体育游戏中的发展进行评价。

传统的民间体育游戏融入幼儿园课程，从社会价值看，可以继承和发展我国的传统民间游戏文化；从个体价值看，可以促进幼儿运动、情感、语言、想象力和社会交往能力的发展。美国心理学家布鲁姆将课程目标分为情感、认知和动作技能三个维度，这也是课程设计中常用的目标制定准则。

《3-6岁儿童学习与发展指南》从健康、语言、社会、科学、艺术五个领域描述幼儿的学习与发展，其中健康领域按照幼儿学习与发展最基本、最重要的内容划分为三个方面，每个方面又有着若干的幼儿学习与发展目标（见下表）。

表 3—1 《3-6 岁儿童学习与发展指南》健康领域目标②

领域	子领域	目标
健康	身心状况	1. 具有健康的体态
		2. 情绪安定愉快
		3. 具有一定的适应能力
	动作发展	1. 具有一定的平衡能力、动作协调、灵敏
		2. 具有一定的力量和耐力
		3. 手的动作灵活协调
	生活习惯与生活能力	1. 具有良好的生活与卫生习惯
		2. 具有基本的生活自理能力
		3. 具备基本安全知识和自我保护能力

健康教育包括身心状况、动作发展和生活习惯与生活能力三个方面的内容，幼儿园民间体育游戏在以身体锻炼为主的基础上，促进了幼儿各类情感

---

① 施良方著，《课程理论——课程的基础、原理与问题》，教育科学出版社，1996 年，83 页。
② 国家教育部，《3-6 岁儿童学习与发展指南》（健康领域）。

的发展，同时在游戏中养成良好的生活习惯与运动习惯。作为健康领域的内容和开展形式之一，幼儿园民间体育游戏具有健康领域的共性目标；作为一种独立的体育活动，其又具有自己的个性目标。对幼儿园民间体育游戏的目标制定要体现以下几个方面：

1. 活动能促进幼儿身体动作的发展。
2. 在活动中，幼儿的身心感到快乐。
3. 活动能提高幼儿的耐力、平衡力、协调力和抗挫力。
4. 幼儿在活动中能认识到有危险的行为，并学会保护自己。
5. 幼儿喜欢这样的活动，并且积极参与。
6. 幼儿在游戏中能够认识其中的文化特点。

基于以上分析，依据幼儿年龄特点和幼儿健康教育要求，结合民间体育游戏的运动特点和民族特色等方面内容，我们可以从四个维度对幼儿园民间体育游戏的教育目标进行一个基本的目标框架建设（见下表）。

表 3－2 幼儿园四维度教育目标框架

情感	认知	身体技能和素质	社会
1. 积极情感的培养 2. 运动兴趣的提高 3. 健康性格的塑造	1. 民族地域文化的学习 2. 语言思维的发展 3. 游戏玩法的探索	1. 基本运动能力得到发展 2. 民间体育器材的使用 3. 速度、耐力、力量得到提高	1. 知道自己是游戏中的一员 2. 与别人合作与分享 3. 用别人的行为来评价自己

从情感、认知、身体技能和素质、社会等四个维度对民间体育游戏课程目标进行建构，可以保证在体育活动中幼儿个体全面协调发展，也可以从不同角度认识幼儿园民间体育游戏的教育价值，挖掘出幼儿园民间体育游戏的课程目标的不同方向内涵。

第四章　幼儿园民间体育游戏课程内容

第一节　幼儿园民间体育游戏课程的内容取向

"幼儿园课程内容是实现幼儿园课程目标的手段，对于教师和儿童而言，主要解决的分别是'教什么'和'学什么'的问题。"[①] 在幼儿园民间体育游戏的内容选择上，我们依据幼儿园体育教育目标对适合幼儿开展的民间体育游戏进行筛选和编排，这些民间体育游戏活动包含着幼儿体育教育中的基本动作练习、徒手体育游戏及运动规则等方面的内容。

对教师而言，幼儿园民间体育游戏课程的内容就是一种体育教材，这种教材是编排好的幼儿体育活动，强调幼儿园民间体育游戏知识和技能的系统性和逻辑性，教师在课程实施过程中会参考教材中的内容实施教学计划，将系统的幼儿园民间体育游戏知识和技能传递给幼儿。

对幼儿而言，幼儿园民间体育游戏课程的内容是一种经验活动，这种内容取向强调幼儿是主动的学习者。幼儿在民间体育游戏中能否得到发展，取决于幼儿学习的能力，取决于幼儿与游戏环境之间有意义的交互作用。在幼儿园进行民间体育游戏的学习时，幼儿是自己"学"会的，而不是教师"教"会的。

教材取向将会把幼儿园民间体育游戏课程内容提前编排好，并向儿童传

[①] 朱家雄著，《幼儿园课程》，华东师范大学出版社，2003年，149页。

递知识和技能；经验取向把幼儿园民间体育游戏内容编排选择与幼儿发展特征相结合，并使幼儿在民间体育游戏的活动中习得知识，锻炼技能。

第一种取向为教师教什么和怎么教的计划性提供保障，第二种取向为幼儿学什么和怎么学提供了施教依据。幼儿园民间体育游戏课程内容的选择，既要结合幼儿的心理学习特点和身体发展特征，又要为教师施教提供丰富的课程内容和教学指导，这样用不同的选择方式平衡两者之间的关系，才能更好地编制幼儿园民间体育游戏课程内容。

第二节 幼儿园民间体育游戏的具体内容

一、幼儿园民间体育游戏基本动作内容

幼儿民间体育游戏中的基本动作有走、跑、跳跃、钻、攀爬和投掷等运动技能。根据动作组成的基本结构和特点，可以将基本动作分为两种类型："一种是周期型动作，另一种是非周期型动作"。[①] 周期型动作即单项运动技能的重复学习，非周期型动作即多项运动技能的连接和组合。

走步是人体移动的自然运动方式，有走直线、走曲线，正着走、倒着走等方式，在幼儿园民间体育游戏中的徒手类游戏、平衡木游戏、踩高跷和大板鞋等都会练习走步运动。要点提示：发展下肢大肌肉群为主的动作。练习时应注意抬腿、摆臂、着地、步幅及线性特点。集体活动要把握好前后间隔距离等安全因素。

跑步是人体位移的运动方式，有直线跑、曲线跑、躲闪跑和跨越跑等多种方式，如"老鹰抓小鸡""贴膏药""老狼老狼几点了"等游戏都会有跑步的锻炼。要点提示：发展下肢大肌肉群为主的动作。练习时应注意抬腿、摆臂、着地、步幅及线性特点。集体活动要把握好前后间隔距离等安全因素。

---

① 刘馨编著，《学前儿童体育》，北京师范大学出版社，2013年，53页。

跳跃可以发展弹跳能力，提高身体的控制力和协调力，如跳绳、跳房子、抓蝴蝶、跳跃铁环和跳轮胎等游戏都可以促进跳跃能力的发展。要点提示：发展下肢大肌肉群为主的动作。由预备姿势、起跳、腾空、落地四个环节构成。抓好用力起跳和轻巧着地最重要。

钻的过程中要变化身体的位置和高度，低头弯腰，紧缩身体，从一侧正面或侧面钻过另一侧。民间体育游戏中以钻"山洞"的游戏为主，如城门城门几丈高、钻梯子游戏都会用到钻的动作。钻须把握好屈腿、弯腰、紧缩身体这三个环节。

攀爬是手部动作与腿步动作的协作练习运动。攀爬可以增强幼儿的肌肉力量，发展身体的灵敏性、协调性和平衡性。民间体育中有攀爬梯子、攀爬轮胎等游戏。

投掷是手臂、腰部和视力三者共同完成的运动技能，分为投远和投准两种体育技能。"纸飞机""投沙包""抓小偷"和"弹力怪兽"等游戏都是练习投掷技能的民间体育活动。要点提示：发展上肢大肌肉群为主的动作。重点是应知道投掷的发力顺序：髋关节—下肢—腰背—肩臂—手腕—投掷。难点是投掷臂过肩投掷环节必须把握清楚。

二、幼儿园民间体育游戏锻炼的基本身体素质

幼儿园民间体育游戏锻炼的基本身体素质有力量与持久力、平衡力、灵敏与协调力以及器材控制力等四部分内容。

力量与持久力是克服阻力的能力，即肌肉收缩时所表现出来的能力。如某项动作能力重复次数多或坚持的时间长，幼儿肌肉的力量自会逐步增强。

平衡力是使身体整体或某个动作保持稳定的能力。如走平衡木需要使步调协调一致，并使身体保持平衡和稳定。它不是单一的动作练习，而是通过多种动作练习形成的一种基本能力，能提高儿童的运动神经功能、自控力、动作的稳定性和协调性。

灵敏与协调力是对身体有效的控制能力和随机应变的能力。快速起步、

急停、躲闪等动作都是判断身体是否灵敏、是否协调的标准。贴膏药和老鹰抓小鸡等游戏可以促进灵敏与协调能力的发展。

器材控制能力是对民间体育器械抓、握、拽和捏等动作及器材在使用中方向的改变、平衡的保持和速度的变化等方面的控制力。如套圈游戏需要捏着竹圈去套准目标，跳绳游戏需要双手抓紧手把并进行有节奏的甩臂运动。滚铁环、攻城和投沙包等器材类的体育游戏都有助于幼儿对器材控制能力的提高。

三、幼儿园民间体育游戏种类的认识

如何对幼儿园民间体育游戏内容进行分类呢？我国学者许洁等人在《图说民间儿童游戏》中将民间游戏分为身体类、运动类、社会生活类和语言计算类四部分内容，郭半溪在其《民间游戏与竞技》中将民间游戏与竞技分为儿童游戏、斗赛游戏、季节游戏、歌舞观赏游戏、智能游戏、杂艺游戏和赛力竞技等九部分内容。两者对民间游戏进行了详细的划分，使我们对民间体育游戏的分类一目了然，为我们从幼儿园的角度如何划分民间体育游戏的内容提供了借鉴。幼儿园民间体育游戏属于游戏的子概念，因此，幼儿园民间体育游戏具有游戏的分类的属性。

从游戏的认知角度分类。幼儿园民间体育游戏是集合感知运动游戏、象征性游戏和规则性游戏的体育活动。感知运动游戏主要是利用感觉器官和身体动作与周围环境互动的体验性活动；象征性游戏主要是幼儿在一定的情境中扮演某种角色，这种游戏可"以物代物"，也可"以人代人"，幼儿主要在模仿和想象中体验运动的快乐；幼儿园民间体育游戏的多数内容又具有一定规则性和竞争性，规则是整个游戏的核心，这些规则和竞争能够激起幼儿乐于参与运动的兴趣。

从社会性发展角度分类。幼儿园民间体育游戏是一种互动交往的体育游戏，在这种体育活动中，幼儿能够围绕一个主题开展游戏，并采取分工合作的方式完成体育任务。在体育活动的过程中，幼儿之间对活动相互监督，有

语言交流，有身体触碰，也有向他人学习的模仿行为。

　　从体能锻炼的角度分类。幼儿园民间体育游戏强调的是体育的学习和锻炼，因此，从身体动作的角度看，可以分为上肢运动、下肢运动和上下肢的协调运动等；从动作类别的角度看，可分为以跑为主的运动，以走为主的运动，以投掷为主的运动，以平衡练习为主的运动，以躲闪为主的运动，以跳跃为主的运动等；从有无使用器材的角度看，可分为徒手类体育游戏、器材类体育游戏；从人员参与的角度看，可分为个人体育游戏和集体体育游戏；从规则结构的高低看，可分为纯玩型的体育游戏和规则型的体育游戏等。按照幼儿园常用体育种类划分方法，我们还可以将幼儿园的民间体育游戏划分为徒手类游戏、器材类游戏、律动类游戏、亲子类游戏和综合类游戏等多个类型。徒手类游戏不需要借助器械，只需身体动作就能完成；器材类游戏需借助传统的体育器材进行运动；律动类游戏是利用传统体育与音乐结合编排的幼儿体能律动活动；亲子类游戏是适合于家长与孩子之间开展的民间体育游戏；综合类游戏是指包含语言、计算等活动在内的体育活动。

　　经过编排和整理，本研究已经开发和设计的幼儿园民间体育游戏内容主要有器材类、徒手类、亲子类等。

第五章 幼儿园民间体育游戏课程的教学组织与实施过程

根据人员、器材、时间、场地及空间等条件，对幼儿园开展的民间体育游戏进行有计划的规划和管理，使其发挥最大的教育价值是幼儿园民间体育游戏组织和实施的首要工作。

第一节 幼儿园民间体育游戏课程的教学组织与实施原则

一、生理发展和心理发展相结合原则

生理发展原则，是指幼儿园民间体育游戏的游戏规则、动作技巧、时间长久和锻炼重点等要适应幼儿的身体机能现状。简单的投掷沙包、攀爬低位置的梯子和"老狼老狼几点了"等身体粗动作、大关节的运动适合小班的幼儿开展；规则性强、竞争性强、要求耐力和速度以及精细运动的幼儿园民间体育游戏适合大班的孩子开展。在内容选择上，小班幼儿只需完成一项锻炼的目标即可，比如只练习走或只学习跳跃，而大班幼儿在内容选择上锻炼目标增多，要求多种动作组合运动，并且对运动时间的量和度都提高了要求。

心理发展原则，是指幼儿园民间体育游戏应根据幼儿的兴趣、需要和能力组织体育活动。适合幼儿开展的民间体育游戏不一定会引起幼儿的学习兴趣，因此，在幼儿园民间体育游戏的开发中，还需要对传统民间体育游戏的玩法和环节进行创编，设计幼儿感兴趣的情境，让幼儿扮演自己喜欢的角色进行体育活动。如，在"跳房子"游戏中，中班幼儿在跳跃中表现得很认真，

生怕踩不到格子上，而大班幼儿则以跳跃的灵活性和速度的快慢进行比较，那么，小班幼儿如何玩呢？小班幼儿在"跳房子"游戏中，教师会指导说每个房子里面都放有"胡萝卜"，小朋友扮演小兔子，小兔子要按照格子上的顺序（1层、2层……）和要求（单脚跳、双脚跳）跳跃才能吃到胡萝卜，这样小班幼儿会认真、仔细地跳跃到每一层的格子上。

在实践中，教师首先要了解幼儿动作的基本发展情况，才能根据幼儿的动作能力去设计符合幼儿开展的幼儿园民间体育游戏，同时，要注意改变幼儿园民间体育游戏的玩法和难度以满足不同幼儿的体育活动兴趣。

二、纵向知识与横向知识相结合原则

纵向知识是指要按照幼儿园民间体育游戏知识和动作技能学习的难易度和先后顺序设计的活动内容。如，由弹玻璃球的游戏改编成的"攻城"游戏，第一步练习用手指弹盖子的技能技巧，第二步练习将盖子弹入"城堡"的大门内，第三步练习将盖子按照图示的要求一步一步移动，第四步学习按照规则小组进行比赛，熟悉之后游戏便可重复进行，并且幼儿在原有玩法上提出了新的游戏规则，这样"攻城"游戏便逐渐深入。

横向知识的学习是"综合教育"课程观的观点，这种课程观提倡知识与知识之间的相互整合，经验与经验之间的迁移。在实践中，幼儿园民间体育游戏内容不仅有体育锻炼领域的目标，更有社会领域、文化领域和语言领域等方面的整合目标在其中。如，跳皮筋游戏中，幼儿可以边跳皮筋边读儿歌，该游戏的规则可以培养幼儿遵守秩序的习惯，游戏中人与人之间的交流和分享又可以促进幼儿交往语言和交往技能的发展。

纵向知识的组织方法使教师的教和幼儿的学由简单到复杂、由具体到抽象，横向知识的组织方法有利于将其他领域的知识和目标融合到体育活动当中。在幼儿园民间体育游戏的实施中，随着幼儿生理能力和心理学习能力的发展和提高，这种纵向知识和横向知识相整合的内容也越来越多，两者相互渗透，使幼儿园民间体育游戏的实施效果事半功倍。

三、直线式学习与螺旋式学习相结合原则

直线式学习原则是指运动的学习内容前后基本不重复，由简单到复杂。螺旋式学习原则是指运动的学习内容会重复出现且会改变运动的玩法以提高其难度和知识的整合性。

幼儿的学习心理特点是以直觉思维为主，幼儿喜欢重复学习某些知识或某项技能。作为以锻炼身体为主要目的的幼儿园民间体育游戏，其游戏的呈现方式更是吸引着幼儿一遍又一遍地去玩。在玩的过程中，教师通过改变规则、组合器材等方式来修改游戏，这样幼儿才不会对同一项体育活动因为过于熟悉而减少兴趣。因此，幼儿园民间体育游戏常以螺旋式的学习为主，只不过对待不同年龄阶段的幼儿有着不同的学习要求而已，即使是同一年龄同一体育游戏也会随着游戏的开展而加深教育内涵，整合其他知识。以大班开展的"大板鞋"游戏为例，初级阶段只是以能单人穿着行走为目标，中级阶段以合作穿着鞋子行走为目标，高级阶段小组合作不仅会走，而且要走得快、会拐弯、会小组交接等。这样，同样是玩"大板鞋"游戏，但随着运动技能熟练程度的提高，其活动目标也逐渐丰富，运动要求也加大难度。

四、单项技能与多项技能相结合原则

单项技能原则是指为练习攀、爬、走、跑、跳、投掷和悬垂等某一项技能为重点而开展幼儿园民间体育游戏活动，如为练习平衡能力而玩踩高跷游戏、为练习跳跃能力而进行跳绳游戏。多项技能原则是指在幼儿园开展多种运动技能相结合的民间体育游戏活动。单项技能的幼儿园民间体育游戏适合在小班开展，而当为了提高幼儿的某项运动技能时，单项技能的幼儿园民间体育游戏也适合在中班和大班开展，如投沙包游戏，为了让幼儿掌握投掷的正确方法，并且将沙包投远、投稳，就可以在三个年龄段同时进行。

幼儿园的任何体育活动都可以将多种运动技能整合起来，幼儿园民间体育游戏也不例外。单项技能与多项技能相结合是幼儿园民间体育游戏活动开

展的运动需要，也是幼儿学习兴趣的需要所在。任何一项幼儿园民间体育游戏都可以整合多种运动技能和技巧。如"滚铁环"游戏可以将铁环依次放在地面上连接起来进行跳跃练习，当幼儿热身之后，他们就要拿着铁钩推着铁环向前移动，在移动过程中有手部控制力的练习，有走步练习，有协调性的练习等。

五、单项器材与多项器材相结合原则

器材是幼儿开展体育活动时所需要的教具或辅助材料。单项器材是为了练习某种技能而准备的体育设备，如拍球中练习拍的技能、荔枝陀螺中练习食指和拇指捏转的技能。当利用体育器材的组合以满足幼儿的运动需要时，一些幼儿园民间体育器材就可以相互组合，以提高体育游戏的难度，并发挥组合器材在多种技能的连续性锻炼中的作用，这种形式多在中班和大班进行。多种器材的组合使用需要满足以下几个条件：第一，不同的单项器材的使用方法已经被幼儿熟练掌握；第二，幼儿的连续性和综合性运动技能较为成熟；第三，有足够的空间场地开展这种组合的体育活动。器材可以是传统体育器材与现代体育器材相结合。

六、高结构与低结构相结合原则

幼儿园民间体育游戏的结构设置是指在体育活动中教学与游戏之间的关系变化。裴雷格勒尼（Pellegrini，A. D.，1991）认为，可以将儿童的活动分为"'更多的游戏，或更少的游戏'而非极端地界定为'游戏，或非游戏'"[①]。当幼儿园民间体育游戏的教育目标的知识和技能增加时，幼儿游戏时的自由度降低，活动的游戏性由高变低，则意味着幼儿园民间体育游戏的设置情况由低结构课程向高结构课程转换，即教师的参与度增大，活动的目标性增强。我国学者朱家雄提出："可以将纯游戏和完全结构化（即按照教师计划实施

---

① Pellegrini，A. D. (1991) Applied Child Study: A Developmental Approach, Lawrence Erlbaum, New Jersey. P215.

的)的教学看作是幼儿园活动的两个极端,这两个极端之间存在着无数种状态,它们反映的是游戏和教学的不同结合程度。"① 幼儿园民间体育游戏作为健康教育的教学内容,有其特有的活动目标,当目标要求增多时,以教师预设的学习目标为主,游戏的结构性增高;当目标要求减少时,幼儿获得自由玩耍的机会增多,则游戏的结构性降低。幼儿园民间体育游戏虽然是锻炼体能的体育活动,但每项体育活动都有很强的游戏性,其最初目的也是为了休闲、娱乐,但一旦转换为教学服务时,幼儿园民间体育游戏就具有了一定的结构性,这种结构性不是严格的技能学习,而是按照游戏的方式开展的体育活动。所以,在幼儿园民间体育游戏的开展中,要充分利用其游戏性质,为幼儿的体育活动创设假想情境,这样才能实现游戏化的体育教学。当然,对于不同年龄阶段的幼儿,游戏的结构性程度要求也是不同的,其基本规律是随着年龄的增加,幼儿园民间体育游戏的结构性也逐渐提高。

第二节 幼儿园民间体育游戏课程的教学组织形式

因幼儿园一日活动安排制度和幼儿园场地的不同,幼儿园民间体育游戏课程的教学组织形式也各有不同。幼儿园民间体育游戏课程的教学组织形式可参考下表进行编制。

表5—1 幼儿园民间体育游戏课程教学组织形式表

活动形式	活动类别	活动地点	活动时间
入园游戏	一日活动	班级门口或户外场地	在早餐前时间
户外游戏		户外场地	户外活动时间
放学游戏		班级门口或户外场地	接送孩子后时间

---

① 朱家雄著,《幼儿园课程》,华东师范大学出版社,2003年,75页。

亲子游戏	集体活动	户外场地	节假庆祝日
区域游戏		户外场地	家园共育日
律动游戏		班级或户外场地	日常教学时间
			节假日和班亲会
家庭游戏	家园活动	家里或小区公园	家中时间

一、一日活动

一日活动制度化和常规化有利于幼儿园民间体育游戏课程科学有序地组织和实施。早上入园后各班组织幼儿开展幼儿园民间体育游戏活动，先要以小幅度的体育游戏为主，之后再适当加大体育活动量，可开展一些轻便、简单的体育游戏，如便于携带器材的跳绳、竹蜻蜓和沙包等游戏。

在户外活动中，民间体育游戏要以区的方式进行，区域的划分则要根据活动幅度的大小和体育器材的使用需要。如赶陀螺、跳大绳、贴膏药和滚铁环等游戏需要较大的场地进行，攻城、走平衡木、爬梯子则只需要较小的场地。考虑到常规体育活动和幼儿园民间体育游戏的均衡发展，在幼儿园民间体育游戏的时间安排上，可选择固定的日期开展活动，如安排每周的星期二和星期四进行。这样做的目的在于：第一，幼儿有时间专门练习某项运动技能或常规的户外活动；第二，使幼儿保持对幼儿园民间体育游戏的兴趣而不会因为玩得过多而厌烦；第三，有利于减少幼儿园民间体育游戏器材的使用损耗。

二、集体活动

幼儿园民间体育游戏集体类的游戏活动有亲子游戏、区域活动和律动游戏等三方面内容。亲子类民间体育游戏是依靠活动器材对游戏玩法进行改编的民间游戏，是为家长和孩子合作游戏而准备的体育活动；区域类民间体育游戏是利用空间场地划出区域为幼儿而准备的体育活动；律动游戏则是利用民间体育游戏器材而编排的适合幼儿跳动的操节活动，是对幼儿园民间体育游戏器材资源和游戏规则的再开发和再利用。

亲子类民间体育游戏的组织和实施,要根据游戏的编排、场地空间的大小、参与人员的多少制订明确的活动方案,这样才能确保游戏活动的顺利进行,下面以一次活动方案为例。

2013年幼儿园亲子民间体育游戏活动方案

一、指导思想

游戏是幼儿的基本活动,幼儿园和家长是幼儿体育游戏的提供者、支持者和参与者。开展亲子民间体育游戏活动,教师和家长是关键。让民间体育游戏以亲子活动的形式走入幼儿的生活,可拓展民间体育游戏的内涵,加深亲子情感的发展,促进家园之间的合作和沟通。在鼓励家长积极参与,运动为乐,与孩子一起体验民间体育游戏的快乐,享受民间体育游戏文化的思想指导下,我园特开展本次活动。

二、活动目标

1. 关注幼儿健康,让幼儿体验民间体育游戏文化,养成科学锻炼身体的良好习惯。

2. 推动亲子关系的发展,通过亲子游戏的合作,促进家长与孩子之间的情感交流和语言交流。

3. 加强家园合作,让家长走进幼儿园,了解幼儿园和关心幼儿园,让家长成为幼儿园民间体育游戏活动的参与者和支持者,推动家园合作的健康发展。

三、活动主题

玩转民间幼儿体育游戏——亲子游戏大家乐。

四、活动准备

1. 场地布置:各班级负责各年级场地布置。

2. 拍摄:摄像老师,每班派一名志愿者协助拍摄。(注:在集体游戏中禁止其他家长跨出界线拍照)

3. 音乐:音响老师。

五、活动流程

1. 三个班级小朋友和家长按指示坐在一楼台阶，参赛的家长选手坐在乌龟池旁和大型器械草地处，准备进行三项比赛。

2. 三个班级分别进行六人七足、穿越绳索桥和花轿向前冲（小班出击滑板车）三个游戏。

3. 分区进行游戏，教师负责家长组队进行游戏活动，集印花（集印花表格请各班负责发放给家长）并到黄美莹处领取礼物。

4. 游戏结束。

六、活动时间

1. 12月25日下午3:10—4:30大班，负责人：级长。

2. 12月26日下午3:10—4:30中班，负责人：级长。

3. 12月27日下午3:10—4:30小班，负责人：级长。

七、明细安排

1. 指示牌和奖品，2:40—2:50，负责人：后勤人员。

2. 班级凳子摆放，2:40—3:50，负责人：各班主任。

3. 幼儿和家长入座，3:00—3:10，负责人：各班主任。

4. 幼儿凳子为塑料板凳，家长为木头凳子，游戏开始后，后勤人员负责收凳子。

5. 介绍游戏和组织三个集体活动：3:10—3:30，负责人：年级主持人。

游戏一：大板鞋。每班4—5名家长（2女3男或2女2男）参与，玩2—3次。

游戏二：穿越瀑布桥。全体家长和孩子分三组进行。

游戏三：花轿向前冲。每组6对亲子，2名男家长2名幼儿为一组（共12名男家长和12名孩子），玩一次。

游戏四：骑竹竿。3—5对亲子为一组，3个年级进行比赛，玩2—3次。

6. 自由游戏区：3:35—4:30，负责人：各区教师及班级教师。

自由游戏区活动开始后，后勤人员负责收凳子。其他班级按顺序到场区进行活动。自由游戏区的印章收集（5格）由各班负责。黄美莹负责礼品兑换。

7. 自由区游戏由各年级统一商议设计并选择民间游戏器械投放，同时，请各班将负责区的人员安排好。人员安排：一个级部游戏时其他两个级部每班出一名配班教师在游戏区辅助活动。举例：小班级部游戏时，小班级部每班两名教师负责游戏区，阿姨负责照顾未有家长参与的孩子，另外两个级部共6个班各派一名教师负责指定场地。注：请各位教师提前5分钟到场，并负责摆好场地器械。

九、家长通知要求

1. 每班邀请一名家长志愿者负责拍摄活动，请其他家长自觉遵守场地规则，前三项游戏活动中不能离座。

2. 前三项集体游戏各班需提前让家长报名参加，游戏时间和次数视报名人数而定。

3. 请家长在3:05到场，并按班级位置坐好等待。

4. 由于游戏的运动性强，邀请的家长最好为父母双方或者其中一人。

5. 要求家长和孩子着运动服、运动鞋参加活动。

×××幼儿园
2013年12月

在上面的方案中，时间、场地、人员、注意事项和游戏内容都有明确的安排，并针对家长和幼儿特别组织和实施了集体的四项游戏活动和分散的自由区域游戏活动。这样的组织形式，使活动有目标、有计划，在向家长宣传民间体育游戏运动价值的同时，调动了家长参与的积极性，也促进了家长和孩子之间的感情发展。

三、家园活动

家园活动是将民间体育游戏带回家中"玩耍"的一种游戏形式，尤其是沙包、毽子和跳绳等轻便可携带的器材很适合在家里玩耍。家园式民间体育游戏可以促进亲子之间的情感交流，可以弥补幼儿园体育教育中的不足，可以让孩子某项技能的不足得到补偿练习。将具有适宜性、安全性、好玩性和教育性的民间体育游戏带回家中进行体育游戏锻炼，既宣传了传统民间体育游戏，促进了亲子间的情感交流，又发展了幼儿的身心健康，拓展了家园合作的新形式。

第三节　幼儿园民间体育游戏课程的教学过程

一、呈现幼儿园民间体育游戏器械——触摸探索阶段

在器械投放的时候，教师要做好四个工作。第一，器械适合本年龄阶段幼儿学习；第二，器械稳当固定、安全，光滑无毛刺；第三，游戏场地安全，且适合本次锻炼活动的开展；第四，在游戏过程中，教师要随时关注幼儿使用器械时的安全情况，尤其不能在幼儿自主游戏阶段放手不管。

第一次进行一项民间体育游戏时，幼儿处于感官触摸阶段。在这一阶段幼儿对游戏规则、玩法不太感兴趣，注意力主要集中于器械颜色或形状的感触和探索，因此，此时教学处于主动地位，而幼儿处于被动学习。这一阶段如果教师只是一味强调按规则进行游戏，幼儿会有排斥的表现，"为了让儿童从事这样的活动，教师必须对活动进行各种各样的包装，以刺激和引起儿童的感官兴趣"[1]。为引起幼儿的运动兴趣，教师也需参与到游戏中，以身示范游戏器械的玩法和游戏规则。如，滚铁环运动对铁钩与铁环之间接触压力大小的技能要求较高，最初幼儿被铁环滚动的声音所吸引，但随后幼儿会因为掌握不了技巧而厌倦。此时，教师要应用模仿教学法，亲身示范，幼儿会因为教师的参与和示范又主动去模仿并练习起来。

有些器械需要再度包装才能为幼儿所喜爱，这种包装包括游戏方法的改

---

[1] 秦元东，《幼儿园民间游戏的阶段与转化：儿童角色的视角》，《学前教育研究》，2012年第4期。

编、材料的替代、场地的装饰等。并不是所有器械都要真实和具体，只要变换材质就会有另一种愉悦。如，岭南特色的划龙舟游戏，幼儿所使用的材料是长布条，最初，幼儿会摸着长布条说这只是一块布，但这一游戏的乐趣还在于可以给幼儿充分的想象和角色扮演空间。因此，只要教师能够用语言或是以设置情境的方式带动幼儿在布条上做划船动作，幼儿会很快将长布条想象成为"龙舟"。

二、内化幼儿园民间体育游戏规则——玩法习得阶段

幼儿进行民间体育游戏活动有一个从表象内化为运动智能结构的过程。在活动过程中，幼儿会逐步体验到游戏的快乐，同时用游戏规则来约束自己的行为，按照皮亚杰的观点，此时"幼儿从规则他律走向了规则自律"，幼儿开始对游戏本身产生兴趣。

在规则习得阶段，幼儿的学习能力呈螺旋结构式上升，当体育游戏活动的结构性增高时，教师应对幼儿的游戏提出明确的目标、规则和要求。此时，游戏的规则，如秩序的要求、合作的方法、公平和输赢的裁决都要在活动中认真执行。规则内化过程中，幼儿开始主动学习，此时器械的外表和形状将不再是幼儿关注的焦点，规则的竞技性和趣味性才是吸引幼儿运动的主因。这时，教师要将游戏规则逐步引入，注重对幼儿规则意识的强化，并将这种规则转化为幼儿的元意识，这种元意识能够使幼儿在游戏中不断监督自己和别人的游戏行为，并对游戏的乐趣有了质的体验。

教师是游戏的组织者，幼儿是游戏的参与者，所以，幼儿园民间体育游戏规则的执行还需两个角色共同参与。规则的引入要经过由简单到复杂的渐进过程。如，在"撞钟"游戏中，两人各拿一枚硬币站在同一起点扔向墙面，弹回最近者先拿硬币砸弹出较远者，互相投掷先砸到者获胜。在这个游戏中，教师要引入的规则是由易到难，而且具有连续性（如下图）。

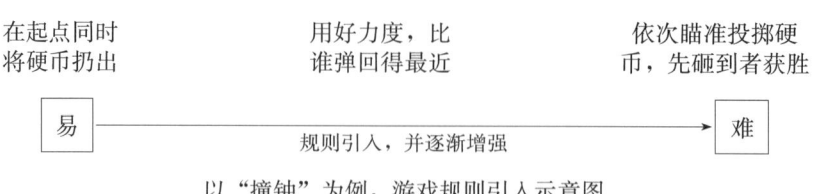

```
在起点同时              用好力度，比              依次瞄准投掷硬
将硬币扔出              谁弹回得最近            币，先砸到者获胜

   易  ─────────  规则引入，并逐渐增强  ─────────▶  难
```

以"撞钟"为例，游戏规则引入示意图

三、拓展幼儿园民间体育游戏玩法——改编创新阶段

幼儿园民间体育游戏的玩法被幼儿熟知以后，原有的玩法和规则对幼儿而言，虽仍有吸引力但不再具有挑战性，教师需要对玩法进行二度开发，其改编和拓展的主体则是教师和幼儿。在这个阶段幼儿不再是游戏的参与者，而是游戏的创造者，包括游戏的玩法、游戏的规则制定以及游戏的监督。教师此时的教学角色主要是观察者、协调者和记录者，从游戏中观察游戏器械、游戏玩法是否合适，协调幼儿在游戏中的规则和矛盾，记录在游戏中存在的问题及幼儿发现的新玩法。在这些新玩法中，"这些规则不是让成人来裁判幼儿行为，而是让幼儿用来协调自己行为的"[①]。

对幼儿园民间体育游戏的改编和拓展包括对器械的替换，对游戏规则的改编和对游戏参与人员的改变等，还可将幼儿园民间体育游戏的开展形式改编成民间器械早操、亲子民间游戏等。

从幼儿的角度讲，幼儿既是游戏的参与者也是游戏的创造者，同样一种器械，幼儿却能发现不同玩法。如幼儿会将三人两足的板鞋横过来穿，学习"僵尸跳"玩法；会将沙包与跳房子进行组合游戏。这都是幼儿自主探索和学习的表现。所以，教师要允许和鼓励幼儿对既有的民间游戏材料和玩法进行新的探索。这样，幼儿园民间体育游戏将不仅仅起到锻炼幼儿体能的作用，还会激发幼儿的创造力，这种幼儿自由创造的游戏空间会让幼儿在游戏的过程中体验到更多的运动和学习乐趣。

---

① 华爱华，《游戏中的规则与幼儿游戏的自主性》，《学前教育》，2012 年第 6 期。

第四节　幼儿园民间体育游戏课程教学过程中教师的角色

教师是幼儿园民间体育游戏课程的环境准备者、活动设计者、课程评价者，在具体教学过程中，在幼儿游戏活动过程中，教师还具有活动参与者、活动引导者、矛盾解决者和游戏观察者等多种身份。在实际活动组织过程中，教师主要有两种方式介入游戏。

第一种是平行式介入。在这种参与形式中，教师以游戏者的身份与幼儿一起游戏，在游戏活动中教师会示范器材的玩法，讲解规则的要求，以带动幼儿进入游戏状态，使活动能够顺利开展下去。

第二种是交叉式介入。交叉式介入即教师根据实际情况适时加入幼儿的游戏活动中，用动作和语言来引导游戏的顺利开展。因为并非所有游戏活动都需要教师始终参与，若教师过分干预幼儿的游戏活动，可能会限制幼儿的活动主动性和积极性，使幼儿体验不到民间体育游戏的乐趣所在。因此，教师在幼儿园民间体育游戏活动过程中的角色是动态变化的，如下表所示。

表 5-2　教师在游戏中的参与和退出表[①]

游戏状况	教师角色	教师行为
儿童无力解决、需要帮助、出现不安、重复一件事较长时间而无进展、无所事事	高于儿童的教师	观察、指导
儿童需要伙伴、需要参与和引导、无所事事	平行儿童的教师、玩伴	参与、观察
儿童专注、轻松、快乐时	低于儿童的玩伴、学生	观察、参与

当幼儿在民间体育游戏过程中出现表中所列三种情况时，教师要根据实际情况适时参与或者退出。这样做的目的是：第一，教师的参与可以解决游戏中存在的矛盾和问题使游戏顺利开展；第二，教师的参与可以带动幼儿游

[①] 翟理红主编，《学前儿童游戏教程》，复旦大学出版社，2013 年，57 页。

戏的积极性；第三，教师的参与可以提高游戏的安全性；第四，教师的参与可以帮助幼儿的运动水平得到提高，在最近发展区中获得更大的空间发展；第五，教师的参与可以让教师自己体验活动的不足之处，并及时对其进行改善和提高。

第五节 幼儿园民间体育游戏课程的家园合作

从生态学的角度看：教师、家长和幼儿是一个有机整体，孩子的健康教育离不开幼儿园和家长的共同努力。当今，家园合作开展体育教育的活动越来越多元化和丰富化，基于教育实践，本节从亲子民间体育游戏的角度谈一谈幼儿园如何开展体育类的家园共育工作。

一、亲子民间体育游戏在家园合作中的意义

（一）文化继承的家园合作

亲子民间体育游戏是以游戏为主的体育活动，如丢沙包、跳绳、打陀螺等游戏不仅能够满足孩子爱运动的需要，也能引起家长参与运动的兴趣。民间体育游戏具有很强的民族特色和地方特色，将家长曾经玩过或未玩过的民间体育游戏改编为亲子形式的体育活动，不仅让亲子之间在节约、自然和健康的环境下进行体育活动，更是一种对民间文化的认识、继承和发展。

（二）心理放松的家园合作

亲子民间体育游戏是一种需要众人参与的群体性活动，具有社会团体性，"在集体活动中能更好地进行情感交流、改善人际关系"[1]。在实践中我们观察到，与家长开放日、亲子制作、网络论坛等常用的家园合作形式相比较，规则性、竞争性和游戏性的亲子民间体育游戏更具有引起家长积极参与的正面效应。在以"坐着听"为主的家园活动中，家长多数处于被动地位，其角色

---

[1] 张正民等，《探析体育运动中的人际关系和交往》，《北京体育大学学报》，2005年，第4期。

是观众，其思维是消极被动的；在以"做着玩"的亲子民间体育游戏家园活动中，家长的角色是"主角"，其思维是主动的。在亲子民间体育游戏中，家长感到轻松和自然，自然会在"不拘谨，放得开"的游戏环境中积极、主动地参与到幼儿园体育活动当中。

（三）情感交融的家园合作

在参与民间体育游戏活动过程中，家长会将这些民间体育游戏的来历和玩法告知孩子，同时将运动经验传授给孩子，这样，家长与孩子之间加深了亲子关系，改善了家庭教育观念，为家园合作创造了一种新的体育教育途径。如，在"贴膏药"、"丢手绢"等集体游戏中，家长重温儿时的游戏，在自然的观察条件下了解了孩子身体运动的基本信息，同时，家长的参与也使得孩子认识到父母的"本领"，对父母产生敬佩和尊敬的情感，使亲子之间的情感交流得到了升华。在游戏活动中，"除了可锻炼身体之外，还可以培养团队的合作精神及严守规则的纪律观念，是一项颇具意义的体能活动"[①]，家长之间的沟通、协作和配合给孩子树立了增强班级群体凝聚力的榜样。

二、亲子民间体育游戏在家园合作中的开展形式

（一）集体式亲子民间体育游戏

集体式亲子民间体育游戏是幼儿园围绕传统民间体育项目而设计的亲子体育活动，这些活动由教师负责组织和实施，需要家长与孩子一起努力、一起协作才能完成运动任务，活动注重家长的参与性、合作性以及运动的娱乐性。如，在两名家长合作的"抬花轿"游戏中，两名家长不仅要保护好坐在花轿里孩子的安全，而且还要步调一致，以最快速度冲向终点；在投壶游戏中不仅需要家长的臂力支持，还要考验孩子的瞄准能力和投掷能力。我们发现，在每次举行完亲子民间体育游戏后，家长会主动找到教师谈论自己孩子在活动中的表现，有哪些优势和不足，家长也会对幼儿园组织的这些体育活

---

① 钟敬文主编，《民俗学概论》，上海文艺出版社，2009年版，359页。

动提出自己的修改意见和看法。

（二）区域式亲子民间体育游戏

为了给家长和孩子提供更多运动的空间、时间和内容，我们还可设计区域式亲子民间体育游戏。区域式亲子民间体育游戏的内容灵活、形式多样，即在不同区域投放不同的民间体育器械供家长和孩子选择玩耍，让亲子之间在自由、轻松的状态下进行体育活动。亲子民间体育游戏以区域的形式实施，从教学资源的角度讲是对环境的创设和再利用，也是应器械大小、材质和游戏玩法的需要而进行的资源合理调整。在区域式亲子民间体育游戏中，教师是区域场地秩序的维护者，而家长和孩子是区域体育游戏的自由参与者。在区域式亲子体育游戏当中，家长会帮助孩子构建正确的运动态度、技能、知识和情感，从而对孩子健康教育的态度和方法有了更进一步的认识。

（三）休闲式亲子民间体育游戏

休闲式亲子民间体育游戏是一种以消遣休闲、调剂身心为主要目的的体育活动，是一种长辈与孩子之间进行的家庭式民间体育游戏活动，这种形式不受空间、时间和场地的限制，只要家长想和孩子一起运动，游戏便可开始。通常，幼儿园会给家长提供适合家庭开展的民间体育器械，并告知这些器械的不同玩法，如沙包、跳绳、跳格子、水枪、毽子等传统运动器械都适合在家庭中开展。在家庭中开展的亲子民间体育游戏，教师可给家长提供锻炼建议，如当孩子的平衡能力不协调时，可让家长选择夹沙包和单腿踢沙包之类的体育活动。这些器械可随身携带，适合在家中、小区开展，下午放学时，家长也可以和孩子在幼儿园开展这些运动游戏，如在班级门口家长与教师一起甩绳子，让孩子跳大绳，或是家长与孩子一起"跳房子"等。父母作为游戏活动的监督者、指导者和参与者，可将孩子的运动能力发展状况进行记录并告知教师，以便教师在幼儿园中针对性地对孩子的体育发展进行补充练习。

三、亲子民间体育游戏在家园合作中的注意事项

（一）尊重家长

第五章　幼儿园民间体育游戏课程的教学组织与实施过程

美国家长教师联谊会（Parent-Teacher Asocia-Tion）将学校与家庭的关系称为"伙伴关系"。①作为合作伙伴，教师要尊重家长作为教育者的主体地位和人格尊严。在亲子民间体育游戏中，教师给家长提供可供选择的器材和玩法，鼓励家长参与到孩子的体育教育当中。在亲子民间体育游戏开展过程中，教师要积极听取家长的建议，这些建议可能是对器械修改的建议，也可能是对游戏方法的改编，如在"贴膏药"游戏中为了让前面的孩子看到自己被贴膏药，有家长建议贴膏药的方法是扮演"膏药"的孩子要正面贴在前排孩子身上，这样，前排孩子才能知道自己被贴，需快速逃跑而不被立刻抓到。

（二）两者兼顾

亲子民间体育游戏是对民间体育游戏的创编，在对游戏环节的设计上，教师要考虑到家长的可参与性和孩子的可玩性。可参与性在于依靠家长的帮助和家长之间的合作才能完成游戏任务，可玩性在于民间体育游戏的设计难易程度要适合不同年龄阶段孩子的特点，同时游戏的场地空间需符合民间体育游戏的规则和要求。如，在投沙包游戏中，家长的任务是用篮子去接孩子投掷来的沙包，而孩子需要依靠技巧将沙包投出去，这个游戏在较小场地就可完成；在两人三足游戏中，两名家长不仅要有规律地齐心迈步走出去，而且还要确保趴在背上的孩子不能掉下来，这个游戏需要场地平整且运动空间大。在器械不变的情况下，对家长而言，游戏规则和方法难度需要提高，对孩子而言，他们需配合和辅助爸爸妈妈完成任务，这样，双方在运动中都会收获成功感和快乐感。

（三）信息交流

信息交流是家园合作中的重要沟通方式。教师要通过宣传，帮助家长树立正确的育儿目标，提高家长对亲子民间体育游戏的活动认识，使其愿意参与其中。通过家长的信息反馈，幼儿园可了解家长对亲子民间体育游戏的认识、看法和建议，如，如何修改民间体育游戏器械、玩法，开展哪些形式的

---

① George S. Morrison，王全志等译，《当今美国早期儿童教育》，北京大学出版社，2005年，442页。

亲子运动家长更能接受，以及家长参与活动的时间安排等问题，休闲式亲子民间体育游戏就是在家长建议下开发的一种民间运动游戏形式。当然，在信息交流中，除了涉及具体某次活动的相关问题外，就如何设置幼儿园课程、如何开展家园合作、如何提高教学质量等问题上家长也能够反馈很多有价值的教育信息。

综上，家园合作的形式虽然多种多样，但其最终目的却在于促进孩子的身心健康发展。以亲子民间体育游戏为媒介开展的家园活动形式有交流、有合作、有竞争、有娱乐，在锻炼孩子的运动机能的同时，也提高了家长参与的积极性。通过亲子民间体育游戏，鼓励家长参与幼儿园工作，对于幼儿的家庭教育，尤其是幼儿的健康教育更具有实践的指导意义。

第六章　幼儿园民间体育游戏课程的评价

一般意义上的评价是指在教学过程和教学结束后检查活动的实施是否实现了教育教学目标，实现程度如何，在对现状分析和总结的基础上，作出改进教学的决策。从评价对象的角度讲，课程评价还包括对教师的评价、对环境的评价、对幼儿的评价等方面。本章主要介绍如何对幼儿在幼儿园民间体育游戏中的表现行为进行评价分析，具体评价体系如下图。

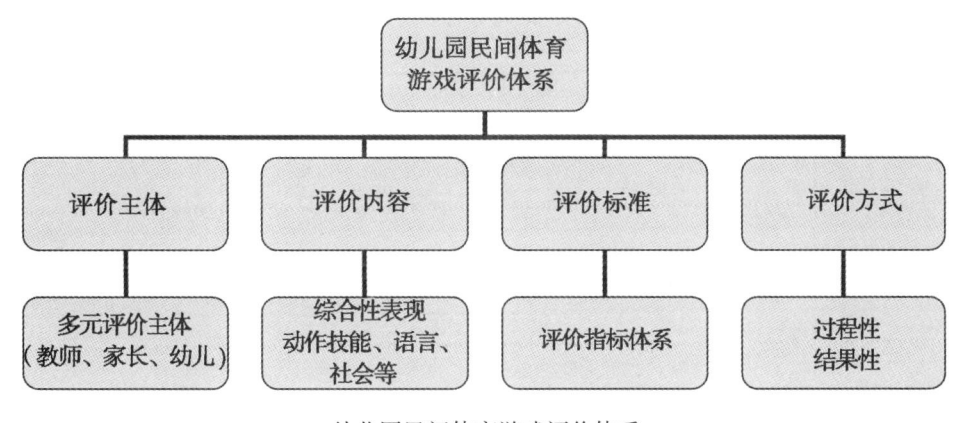

幼儿园民间体育游戏评价体系
├─ 评价主体 ─ 多元评价主体（教师、家长、幼儿）
├─ 评价内容 ─ 综合性表现 动作技能、语言、社会等
├─ 评价标准 ─ 评价指标体系
└─ 评价方式 ─ 过程性 结果性

幼儿园民间体育游戏评价体系

评价体系中，教师和幼儿是评价的主体，评价的内容是多元的，重视幼儿在民间体育游戏中的总体表现，在参考一定评价指标体系下，重视过程性和结果性的评价方式。

第一节　幼儿园民间体育游戏中幼儿的行为表现评价

为了有针对性地对幼儿在进行民间体育游戏时身体技能上的表现进行一个合理、科学的评价，我们需先认识人体运动时一些机能的主要作用。

幼儿园民间体育游戏是以身体的运动和幼儿自身经验的认知相结合的学习活动，在对幼儿运动中的表现以及运动能力进行全方位的评价时，测评者或观察记录者首先需要了解一定的感觉运动学方面的知识，在此基础上，从教育的角度对幼儿的游戏表现和体质发展进行评价，这样的评价才更科学和真实。儿童早期教育专家雷娜特·齐摩尔博士在脑神经生理解剖学的基础上，从感官系统、认知活动、感觉器官、感受器、刺激和获得信息等六个维度对幼儿在体育活动中运动神经发展情况进行了详细的分析和说明。

表 6-1　幼儿体育活动感表[①]

感官系统	认知活动	感觉器官	感受器	刺激	获得信息
视觉系统	看	眼睛	图像接收器、视锥细胞、视杆细胞	光线	物体的亮度、颜色、形状和位置
听觉系统	听	耳朵	器械感受器	声波	声调、音色、音量、噪音、语声、声音传播的方式和来源
触觉系统	触摸	皮肤、手、嘴	触摸和温度感受器	机械刺激、皮肤触觉	大小、相撞、距离、物体的表面特征、温度

[①] [德] 雷纳特·齐默尔著，杨沫译，《儿童感知教育手册》，南京师范大学出版社，2010年，52-53 页。

第六章　幼儿园民间体育游戏课程的评价

动觉系统	深度敏感、运动觉	肌腱、肌肉、四肢	本体感受器	本体运动、肌肉收缩	身体各部分之间的位置关系、肌肉的放松度、个体的力量、物体的重量
前庭系统	调节平衡	平衡器	本体感受器	直线加速度、角度加速	方位、身体的加速度、平衡感
嗅觉系统	闻	鼻子、鼻孔	化学感受器、嗅细胞	气体的、化学的刺激	环境、食物、卫生
味觉系统	品尝	嘴、空腔、腭、舌头	化学感受器、机械感受器、味蕾	化学刺激	食物、控制进食和消化

从中可知，感受器是接收外界和体内刺激的器官，效应器是接收神经中枢指令对刺激作出反应的器官，在神经系统的支配和调解下，感受器和效应器同时运作，肌肉发生收缩，牵动骨骼，从而产生各种身体动作或运动。在教师有目标的活动设计下，幼儿通过自己的认知思维，控制身体与环境的互动，在以游戏形式开展的各类民间体育游戏中，学习各种体育动作，掌握灵敏的运动技能。

幼儿园民间体育游戏是一种即时的身体动作表现活动，通过幼儿在活动中的行为表现，我们可以对幼儿的表现进行描述和评价。《在游戏中如何评价儿童——以游戏为基础的跨学科儿童评价法》一书中，托尼·W.林德将评价的观察行为分为认知发展的观察、社会情感发展的观察、交往能力和语言发展的观察和感觉运动发展的观察四部分内容，并附有观察指南及具体的表现评价等级。

结合幼儿园开展的民间体育游戏的实践活动，我们可从体能发展和发展性的综合性评价指标两个方面对幼儿进行评价。评价表如下。

表6－2　幼儿在民间体育游戏中的动作能力发展评价表

			得分
运动态度	活动状态	1. 积极主动参与体育活动	2
		2. 教师指引下参与活动	1
		3. 旁观不参与	0
	情绪体验	1. 有兴趣的，情绪饱满稳定	2
		2. 参加活动，但兴趣不高	1
		3. 无所事事	0
运动能力	走或跑	1. 手臂和脚控制协调、平稳	2
		2. 手脚协调混乱，各部位不能同时运作	1
		3. 手臂双脚不能控制，各部位没有同时运作	0
	平衡能力	1. 动作交换，身体保持很平衡	2
		2. 身体平衡有困难	1
		3. 需要成人扶住	0
	投掷	1. 能多次投掷中目标	2
		2. 投掷有力量，偶尔能投中目标	1
		3. 投掷不到目标	0
	身体反应	1. 启停、躲闪控制自如	2
		2. 启停、躲闪有偏差，反应速度慢	1
		3. 启停、躲闪控制力差，不平衡	0
	跳跃	1. 成功跳过或跳下，身体提前准备和时间协调	2
		2. 跳跃犹豫、草率，身体不协调	1
		3. 起跳犹豫，跌倒或用手来按地保持平衡	0
	控制	1. 能用身体部位控制好动作和轨迹	2
		2. 用身体不能很好操控部分动作和轨迹	1
		3. 不能用身体控制好动作和运动轨迹	0
运动结果		1. 能较好地完成本年龄阶段的游戏动作	2
		2. 基本能完成动作要求	1
		3. 不能完成动作要求	0

第六章 幼儿园民间体育游戏课程的评价

表6-3 幼儿在民间体育游戏中的综合能力发展评估表

评价领域	评价参考	评价指标	评价分数					
			无	少	偶尔	有	是
			1	2	3	4	5
语言	语言沟通	与其他人大胆交流，表达清楚					
	聆听对方	认真听教师和儿童的对话					
	语言理解	听懂教师的要求和游戏规则					
	个体思辨	对游戏说出自己的看法					
空间	场所建构	使用游戏教具变换方式进行					
	方位概念	听从指令做向前、向后、向左、向右等方位运动					
	视觉判断	分析位置的高低、远近、中间、两旁等					
社会	基本习惯	按照要求拿取、整理游戏材料					
	执行规则	按照游戏要求和指令有序开展					
	交往技能	乐意与其他幼儿交流					
	分享协助	与其他人员合作顺利完成任务					
	领袖特质	游戏中充当指挥官					
	沟通协调	会与幼儿或教师分享自己经验和看法					
	关心互助	会帮助有困难的幼儿完成游戏					
运动	攀爬技能	四肢配合协调，能手脚并用进行游戏					
	走路技能	按照要求直线、曲线快走、慢走					
	跑步技能	在游戏中跑步技能熟练，控制性强					
	跳跃技能	双脚跳、单脚跳、跨跳协调、灵敏					
	投掷技能	投掷有力，能按要求投向目标					
情感	游戏情感	游戏中活泼开朗、情绪稳定					
	情绪变化	与别人发生冲突后迅速恢复					
	困难品质	遇到苦难或挫折敢于挑战					
	情感交流	把高兴的事情主动告诉别人					
其他	观察体验	对民间游戏器材十分有兴趣					
	使用	能在基础玩法上发现不同的玩法					
	持续能力	游戏活动持续25分钟以上					
数值							
总评	优势能力		建议：				
	弱势能力						

上述两种观察记录以幼儿生长发育中质的评价为主要方式，侧重于对幼儿活动中行为表现的观察，以及教师对幼儿运动能力发展变化的教学调整和指导。

在量的评价方面我国学者有针对幼儿形态、生理机能和基本体育活动能力而设计的幼儿体质测查表，如下表。

表6-4 幼儿体质测查表①

幼儿园			班级		编号	
姓名			性别		出生年月	
测查日期					测查者	
形态	身高（厘米）		基本体育活动能力	坐位体前曲（厘米）		
	体重（公斤）			立定跳远（厘米）		
	坐高（厘米）			沙包掷远（厘米）	左	
					右	
	胸围（厘米）			20米跑（秒）		
	头围（厘米）			单脚站立（秒）	左	
					右	
生理机能	安静心率（次/分）			百米慢跑	跑前心率	
	血压（毫米汞柱）				跑后心率	
	呼吸率（次/分）				恢复时间（次/每分）	第1分钟
	呼吸差（厘米）					第2分钟
	肺活量（毫升）					第3分钟
	背肌力（公斤）					第4分钟
	握力（公斤）					第5分钟
						5分钟以上

（注：表格中涉及的安静心率、血压、呼吸率、呼吸差、肺活量、背肌力、握力等专

---

① 刘馨编著，《学前儿童体育》，北京师范大学出版社，2013年，第157页。

第六章 幼儿园民间体育游戏课程的评价

业测试工具、测试指标及方法,见原书第五章中的具体说明)

幼儿体质测查是评价幼儿身体发展状况的量化研究方式。幼儿园民间体育游戏也可以借鉴这种方式评价幼儿在锻炼前、中、后身体机能的变化和发展情况,以便采取相应的措施,更有效地开展幼儿园民间体育游戏。在幼儿体质检测中制订好客观、可行的项目指标,利用测试仪器、依据测试标准和方法获得相对准确、可靠的数据资料,可以对幼儿体质基本状况进行全面的评价。

在广东省省级幼儿园评估中,幼儿体能测试由五项指标组成,投沙包、跳远、20米快跑、单足立和拍球,其测评指标如下表。

表6—5 广东省幼儿园评级体能测试表

项目	性别	小班	中班	大班
20米快速跑	男	7.77秒	6.81秒	5.88秒
	女	8.12秒	7.13秒	6.48秒
立定跳远	男	68.4厘米	86.5厘米	103厘米
	女	61.7里米	75.4厘米	94.2厘米
拍球	男	44次/分	69次/分	90次/分
	女	41次/分	63次/分	83次/分
投掷	男	316.5厘米	433.7厘米	542.7厘米
	女	266.8厘米	327.7厘米	439.9厘米
单足立	男	12.97秒	27.56秒	59.77秒
	女	16.11秒	33.22秒	77.81秒

在以上评价表中,表6—2、表6—3是过程性评价,对幼儿在运动中的技能表现和综合能力表现进行了描述性的综合评价;表6—4和表6—5是结果性评价,可以准确地反映出幼儿现阶段体质发展状况。无论选择哪种测评,评价的结果都是为了描述和分析幼儿体育技能、体质能力的基本情况,只有对基本情况测查、统计、比较、分析和评价之后,才能提出促进幼儿健康发展的更好的措施和方法。

在对幼儿进行一系列的技能、体质测查评价后,围绕幼儿在运动中的表现，还可通过幼儿园民间体育游戏对幼儿的运动障碍进行专门化的目标训练，具体训练指导如下表。

表6-6 幼儿综合运动能力学习表

编号	运动障碍	问题分析	游戏名称	强化目标
项目1	不会做蹲爬姿势	前庭功能信息传导不良导致平衡感和空间感发展滞后	钻山洞、穿越瀑布桥等	身体平衡高空攀登追逐躲闪
	不喜欢高处		爬梯子、轮胎山等	
	旋转易头晕		老鹰抓小鸡、贴膏药等	
	不喜欢玩高跷		平衡木、轮胎山等	
	怕跨越高处		走平衡木、爬梯子等	
项目2	不会双脚和单脚跳	神经系统刺激运作不良导致信息传递不足、迟钝或过于迅速	铁环跳跃	高空攀登花样跳跃游戏指导
	交替爬梯子不协调		爬轮胎、梯子	
	游戏时动作缓慢、反应速度不灵活		贴膏药或老鹰抓小鸡	
	过分好动		老狼老狼几点了或123木头人	
	安静，不参加活动		抛接沙包、走平衡木等	
项目3	抓握动作比较弱	手部末端神经和肌肉发育迟缓导致精细动作不成熟	攻城、投壶和滚铁环等	抓握拽推手眼协调目标注意
	手部动作技能差		攻城、弹弓、拾豆子等游戏	
	玩时经常掉落		平衡木、滚铁环、抓鱼等	
	不能将物品丢掷中目标		投壶、弹弓、抛接沙包等	
项目4	不会自己玩	前庭抑制失调导致儿童不愿交往和动作发展缓慢	城门几丈高、挖地雷、大板鞋等	纪律规则集体合作交流分享
	和他人没有交流		老狼老狼几点了、跳皮筋、我们邀请一个人等	
	执行不了游戏规则		跳房子、攻城、走平衡木等	
	情绪波动大		荔枝陀螺、风车等	
	固执		老鹰抓小鸡、大板鞋、踢沙包等	
	不喜欢集体游戏		贴膏药、挖地雷、抬花轿等	

（注：前庭系统，作用于我们的平衡感和空间感，对于我们的运动和平衡能力起关键

性的作用。它和听觉系统的一部分即耳蜗一起构成了内耳迷路，位于内耳的前庭。由于我们的运动由旋转和平移两种方式组成，前庭系统也由两个部分组成：半规管系统，感知旋转动作；耳石，感知直线加速。前庭系统发送神经信号给控制眼球运动的神经系统，保证我们在移动时也能拥有清晰的视觉；也发送信号给与肌肉相关的神经结构，使我们保持直立）

第二节 幼儿园民间体育游戏课程的评价方法

幼儿园民间体育游戏课程评价的方法可分为质的评价和量的评价。因为幼儿的能力是发展变化的，今天不会的动作，可能明天就会变得非常熟练。相对而言，质的评价更加关注幼儿个体的经验和感受，也适合幼儿园开展行动研究，所以，幼儿园民间体育游戏课程评价以质的评价为主要评价方式。

以美国为例，美国幼儿园对幼儿的评估不是单纯地从某方面来考量和评判，而是更关注幼儿的全面发展和总和素质。评估表上不是以好、中、差或及格、不及格的方式打分，而是"以 N. S. A 的方式评估，N 就暗示 NOT EXHIBING（没有表现出来），S 就是 SOMETIMES（有时候表现出来），A 就是 ALWAYS（总是表现出来）"[①]，这是一种过程性评价。在体育活动中因为个体的差异、环境的影响、情绪的波动及对游戏的熟悉度不同，幼儿表现出来的过程和结果也各有不同。幼儿园民间体育游戏课程常用的评价方式有描述性评价、观察记录评价和量表评价等。

一、描述性评价

描述性评价是一种对现象的描述性研究，是揭示因果关系探索过程中最基础的步骤，是对幼儿在民间体育游戏中的表现和行为进行的主观评价。这种评价的特点是：教师不需要记录数据，只需观察幼儿在运动中的表现即可；对幼儿的评价具有即刻性，评价不具有完整性；评价的结果通常带有主观性，

---

① 《别样风景看过来——海外妈妈的话指南》，《幼儿教育》（父母孩子），2013 年第 4 期。

是教师对游戏中的观察现象进行的分析；评价具有针对性，只是对幼儿某时的某一表现的模糊评价；教师的评语通常是语言文字上的描述，没有任何数据和观察记录。

案例一：沙包游戏——打尾巴

游戏年龄：大班

游戏材料：平坦场地、沙包

游戏目标：

1. 提高幼儿上肢的投掷力量和投掷精确度。

2. 锻炼幼儿的快速躲闪能力和停跑能力，促进身体平衡能力的发展。

3. 促进幼儿之间合作能力的发展。

基本玩法：幼儿与投掷手间隔一定距离面对面站立，投掷手拿沙包朝对面幼儿投掷，被沙包打到者下场休息。

游戏玩法：选择一名幼儿为投掷手，一名幼儿为"盾牌"，其余幼儿纵向排一列，后面幼儿抓住前面幼儿的衣服不能松手，投掷手左右跑动用沙包击打最后一名幼儿，被打中的幼儿下场休息。投掷手依次击中全部幼儿后，最先下场休息的幼儿充当投掷手，前一轮投掷手带领其他幼儿继续游戏。

游戏提示：

1. 沙包可用废旧布包沙子或米粒制作。

2. "盾牌"幼儿被沙包击中无效，而且可以将沙包捡起扔回给投掷手，其他幼儿在躲闪中不能脱离队伍。

3. 沙包只能投向幼儿腿部，其他位置无效。

在这个游戏中可以针对游戏的玩法或幼儿在游戏中的表现进行描述性评价。

游戏玩法的描述性评价：

1. 该游戏开展数日，受到小朋友的喜欢，他们很乐意继续玩这个游戏。

2. 这个游戏对于大班的孩子而言难度适中，游戏规则和游戏器材幼儿都容易掌握。

3. 在游戏中须强调幼儿之间要跟紧，要躲闪，同时要避免与他人发生碰撞。

4. 因为运动能力的不同，男孩在游戏中表现热情，女孩对游戏投入程度不高，可以分男女组进行游戏。

幼儿行为的描述性评价：

1. 今天亮亮小朋友情绪比较低落，在进入游戏的时候有点不情愿。

2. 亮亮在游戏中躲闪和跑步的技巧不熟，在活动中摔倒 3 次。

3. 亮亮在躲跑时提醒他人小心被打到，看来他的合作意识还是挺高的。

4. 今后要对亮亮多进行躲闪跑方面的练习，这样才能提高他的身体平衡力和协调能力的发展。

二、观察记录评价

观察可以了解幼儿的需要从而为幼儿准备更有效的体育游戏，观察也是对幼儿学习情况进行评价的必要手段。在观察中教师可以从幼儿的行为举止中收集丰富的资料，发现活动中存在的问题，并对幼儿的行为表现进行系统和科学的评价。观察法中常用的方式有描述式观察、定点式观察和追踪式观察。这些观察常常要用表格来进行记录。

1. 扫描式观察

扫描式观察是在活动时间内依次对不同幼儿的表现进行轮流观察，适合于粗线条地了解幼儿在活动中的表现，并针对游戏本身和幼儿在活动中的表现进行一个大概的评价。扫描式观察法中教师是移动的，教师对幼儿观察的时间也是不确定的。为了更好地了解描述式观察法可参考下表。

表6—7 幼儿园民间体育游戏课程活动记录表

游戏名称：水枪游戏　　班级：大一班　　日期：2011年10月31日　　记录人：钟老师

记录内容	意见和建议
游戏规则阅读与理解	从文字叙述和表达方面记录 1. 从指定地点取水 2. 分批用水射击挂在墙上面、树上面的动物头像 3. 水用完后再返回取水点，参加下一轮的射击游戏
孩子在游戏中的表现	从孩子是否乐意游戏，孩子之间合作表现方面进行记录 孩子参加游戏的兴趣非常高，但大部分孩子都喜欢独自行动，合作性仍有待提高
游戏编排是否合理	从游戏编排是否科学合理，难度方面进行记录 动物头像有的挂在低处，有的挂在高处，而且射口较大，孩子可以根据自己的能力射击不同难度的动物头饰，难度合理
器材和场地选择	从器材安全性、功能性及场地适宜性方面进行记录 1. 地方狭小，宽度不够，容易将水射在同伴衣服上，但整个区域由于有房屋玩具，为孩子的游戏营造了较好的环境 2. 水枪容易损坏，在使用中漏水
在此基础上是否发现其他玩法	从教师发现的玩法和孩子发现的玩法方面进行记录 小朋友喜欢动态地射击，可让一部分幼儿穿上雨衣移动头像，一旦目标出现，另一部分幼儿射击移动头像

　　以上记录，从文字介绍、场地安排、幼儿表现和器材使用等方面对一项活动进行了综合性评价，在新的游戏开始后，教师对游戏及游戏中存在的问题进行描述式的观察并给出评价和修改意见，这是所有幼儿园民间体育游戏开始的第一步评价内容。

　　2. 定点式观察

　　定点式观察是教师固定在游戏中的某一区域，对幼儿在游戏中的某些技能动作、语言能力等方面进行观察的方法。如教师只观察男孩子在大板鞋游戏中协调能力和合作能力的表现，以评价幼儿在这个游戏中的行为表现。在这个观察记录中，教师呆在某一位置进行观察，观察的对象和内容也具有针对性，教师只需记录幼儿在活动中的表现，并进行资料整理，从而对幼儿在这个游戏中某一方面或几方面能力的发展进行评价。

3. 追踪式观察

追踪式观察是教师根据需要确定1—2个幼儿作为观察对象，观察他们在幼儿园民间体育游戏中的各种行为表现。在这个观察中教师随着观察对象的移动而移动，教师记录的内容也都为观察对象的实际情况。追踪式观察用时较长，可能为2周，也可能为一个月。在记录到相关资料后，教师可以对被观察幼儿的运动能力进行述评，并提出有分析的对策。

案例二：铁环游戏——跳跃练习

游戏年龄：小班

游戏材料：直径38—45厘米的铁环若干

游戏目标：

1. 练习双脚跳和单脚跳跃的技能技巧。
2. 锻炼腿部肌肉力量，提高幼儿身体运动的协调性和平衡性。

基本玩法：将铁环平铺于地面，幼儿利用铁环空间做跳跃练习。

游戏玩法：

1. 将铁环依次平放在地，摆成直线或曲线，让幼儿依次从第一个铁环双脚开始跳跃至最后一个铁环。
2. 把铁圈单双相间平摆在地，让幼儿依次从第一个铁环开始跳跃至最后一个铁环。

游戏提示：

1. 铁环之间的距离可逐渐拉大，提高幼儿双脚跳跃的难度。
2. 适合小班的铁环游戏还有多种玩法，如铁环可握于双手当汽车方向盘，铁环套在身上可当滑行的小轮船等。

在这个游戏中，主要是锻炼幼儿原地单脚跳、双脚跳以及跳跃位移的动作技能。在对小班珍珍小朋友进行了一个月观察后，记录了其以下表现。

第一周：珍珍小朋友对跳跃游戏感兴趣，但是她只会在原地做屈腿的动作，不能双脚离地。珍珍小朋友之前没有跳跃方面的生活经验，教师做示范动作给她看，并鼓励她勇敢跳起来。

第二周：珍珍小朋友已经学会了双脚跳，但她还不会连续往前双脚跳，每次都是站在铁环里原地起跳，身体并未发生位移。教师用手扶着她，告诉她不用怕，尝试往前跳。

第三周：在没有教师的帮助下，珍珍小朋友已经学会单、双跳了，而且可以慢慢地跳过地面摆放的铁环。

第四周：珍珍小朋友不仅能够跳过这些铁环，速度也明显加快很多，身体运动能力提高了，她还时不时提醒其他小朋友"快点跳啊，后面有人"。

三、量表评价

量表是一种测量的工具，量表用不同的数值来表示某种态度、变化和发展，是观察幼儿民间体育游戏中幼儿行为表现的测评工具。在游戏量表评价中，国内外学者针对幼儿在游戏中某一方面的行为表现设计了评价量表，如利伯曼的"爱做游戏的量表"，豪威斯的"同伴关系量表"，皮亚杰的"认知量表"，王坚红的"户外游戏场地评价表"，霍力岩的"身体与动作发展的四等级评价"等。下面以两个量表作为学习参考。

表6—8 利伯曼"爱做游戏的量表"[1]

1.	A. 儿童在游戏中自发进行身体运动和活动的次数有多少？	5分	4分	3分	2分	1分
	B. 在身体活动中，他或她的运动协调能力怎么样？					
2.	A. 在他或她的游戏活动中，显示出来的高兴的次数有多少？					
	B. 他或她以什么样的自由表达方式来表现高兴？					

---

[1] 翟理红主编，《学前儿童游戏教程》，复旦大学出版社，2013年，101页。

第六章 幼儿园民间体育游戏课程的评价

3. A. 在游戏中，儿童表现出幽默感的次数是多少？				
B. 幽默表现出来的持续程度怎样？				
4. A. 儿童游戏时，在与周围的群体结构的相互作用表现出来的灵活性的次数有多少？				
B. 儿童活动时的自如程度如何？				
5. A. 在做表演和戏剧性的游戏时，儿童表现出自发动作的次数有多少？				
B. 在做上述游戏时，儿童表现出来的想象程度如何？				
6. 儿童的聪明程度如何？				
7. 对儿童具有多大的吸引力？				

利伯曼从儿童活动兴趣的角度出发，从七个方面有针对性地观察儿童在游戏中的行为和表现并进行打分，以得出儿童对此游戏的兴趣程度。

我国学者霍力岩从标准体系的实际编制的角度，用四个等级评价标准的方式制订了评价量表，此处例举了5岁幼儿发展评价量表中，与幼儿体育活动有关的部分评价标准，供大家学习和参考。

表6-9 5岁幼儿发展评价方案中标准体系的形成[1]

一级指标	二级指标	三级指标	评价标准			
			Ⅰ级（5分）	（Ⅱ4分）	（Ⅲ3分）	（Ⅳ2分）
A1 身体与动作发展	B1 参加体育活动兴趣	C1 参加体育活动兴趣	积极主动地参与各项体育活动	能够参加各种体育活动，积极性、主动性一般	对体育活动兴趣不大，只是被动地接受	对体育活动没兴趣，不能参加

---

[1] 霍力岩著，《学前教育评价》，北京师范大学出版社，2000年，174-175页。

B3 粗大动作技能	C3 基本动作（走、跑、跳、投掷、钻爬、攀登）	坐、立等基本动作姿势正确、协调、灵活，能够把握大体方向，无多余动作	姿势基本正确，比较协调、灵活，基本把握方向	姿势不很正确，协调性、灵活性较差，有多余动作	姿势不正确，协调性、灵活性差，没有方向感
	C4 综合动作技能	会运动器具的多种玩法，会拍球、跳绳等复杂的动作技能，平衡性好	会运动器具的多种玩法，会拍球、跳绳等复杂的动作技能，平衡性一般	会运动器具的简单玩法，拍球、跳绳等复杂的动作技能掌握不好，平衡性差	不会使用运动器具，基本上不能拍球和跳绳
	C5 操节队形	会根据信号转体（左、右、前、后）行走、按节拍动作准确地做操（徒手操、轻器械操）	会根据信号转体、行走、按节拍动作基本准确地做操	会根据信号做动作，动作的准确性差	不能根据信号做动作

（注：以上内容只选取了评价量表中身体与动作发展的部分内容）

这些评价量表和评价方法提供了有价值的学习资料，特别是量表二中的评价体系及标准，为幼儿园民间体育游戏的评价量表的制作提供了重要的参考价值。

第七章　100 项幼儿园民间体育游戏设计

本章分三节，即器材类、徒手类、亲子类等三类游戏，围绕幼儿园民间体育游戏规则的结构要素，从游戏名称、游戏材料、年龄游戏、游戏目标、基本玩法、游戏玩法、游戏提示等方面，向读者介绍较为成熟且经过实践检验适合幼儿园开展的 100 项民间体育游戏活动的设计，以供大家参考。

第一节　幼儿园器材类民间体育游戏

1. 赶陀螺

游戏年龄：大班

游戏材料：木质陀螺、木棍（30—40 厘米）与细绳（约 80 厘米）连接做成的陀螺鞭

游戏目标：

1. 练习上肢准确抽打目标的能力。
2. 学习用手臂力度控制陀螺的技能技巧。

基本玩法：把鞭子贴紧陀螺上部 $\frac{1}{3}$ 处缠绕多圈，将陀螺顶尖平放于地面，一手扶住陀螺向前推，同时，另一手握木棍水平用力抽出鞭子，利用旋转的力量带动陀螺转动，用鞭子持续打陀螺底部使陀螺持续转动。

游戏玩法：

1. 独立游戏，比比谁抽打陀螺并使其转动的时间更长。

2. 分成小组，每组根据人数派发鞭子，轮流抽打一个陀螺，看哪组幼儿合作打陀螺并使其转动的时间长。

3. 让陀螺转动后，用鞭子打着陀螺从起点转向终点，先到终点者为胜。

游戏提示：

1. 陀螺可在市场上购买，材质得重一点（如枣木）旋转才有力度；陀螺鞭的细绳需要选择质感较重的绳子，皮鞭为佳。

2. 赶陀螺游戏关键是让陀螺与地面平衡并旋转起来，幼儿需要多加练习才能熟练。

3. 教师要选择平坦空旷的游戏场地，游戏时幼儿互相不能靠得太近，以免鞭子打到其他人。

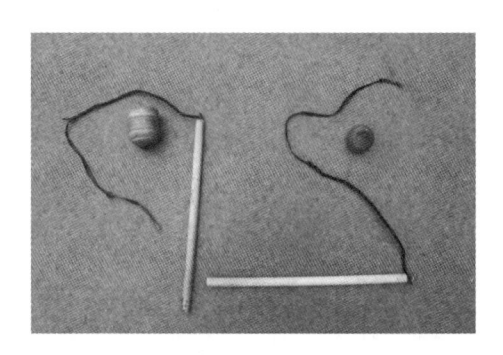

游戏图示：

陀 螺

将陀螺缠绕放在地面做好准备　　　　有节奏地抽打旋转的陀螺

2. 打弹弓

游戏年龄：中班和大班

游戏材料：适合幼儿手型大小的弹弓、废旧报纸做成的子弹、大嘴巴怪物装饰的靶心

游戏目标：

1. 促进幼儿手部抓握能力和双手合作能力的发展。
2. 培养幼儿手眼协调的能力。
3. 提高幼儿目测距离远近的判断能力。

基本玩法：幼儿将子弹夹到子弹包后，手执弹弓，双手保持平行，一手固定弹弓架，一手用力向后拉皮筋，瞄准靶心将子弹打出。

游戏玩法：

1. 在射击时与目标保持一定距离，用弹弓打出子弹时子弹能够精准击中目标，比比谁打进怪兽嘴巴的子弹多。
2. 教师设置游戏情节，如钻过山洞，跨过障碍物等，越过障碍到达终点后，拿到子弹返回起点，再进行靶心射击。

游戏提示：

1. 弹弓可用铁丝或柳枝做成弹弓架，橡皮筋或自行车轮胎皮做动力皮筋，皮质材料做子弹包，小布球、小纸团均可作为子弹。
2. 可将一些塑料瓶、铁皮月饼盒挂在墙上作为靶心，这些物体被击中时发出的声响会给游戏带来更多乐趣。
3. 中班的孩子要经过多次练习才能掌握正确地拿弹弓和打子弹的方法。拿弹弓需一只手固定弹弓，另一只手捏着子弹包用力往后拉皮筋，拉开皮筋后要保持子弹包与弹弓架在同一水平面上。

游戏图示：

弹　弓

自制怪兽靶子　　　　　　　　　幼儿站好朝怪兽嘴巴打子弹

3. 沙包游戏：打尾巴

游戏年龄：大班

游戏材料：平坦场地、沙包

游戏目标：

1. 提高幼儿上肢的投掷力量和投掷精确度。
2. 锻炼幼儿的快速躲闪能力和停跑能力，促进身体平衡能力的发展。
3. 促进幼儿之间合作能力的发展。

基本玩法：幼儿与投掷手间隔一定距离面对面站立，投掷手拿沙包朝对面幼儿投掷，被沙包打到者下场休息。

游戏玩法：选择一名幼儿为投掷手，一名幼儿为"盾牌"，其余幼儿纵向排一列，后面幼儿抓住前面幼儿的衣服不能松手。投掷手左右跑动用沙包击

第七章　100 项幼儿园民间体育游戏设计

打最后一名幼儿，被打中的幼儿下场休息。投掷手依次击中全部幼儿后，最先被打到的幼儿充当投掷手，前一轮投掷手带领其他幼儿继续游戏。

游戏提示：

1. 沙包可用废旧布包沙子或米粒制作。

2. "盾牌"幼儿被沙包击中无效，而且可以将沙包捡起扔回给投掷手，其他幼儿在躲闪中不能脱离队伍。

3. 沙包只能投向幼儿腿部，其他位置无效。

游戏图示：

沙　包

投掷手手拿沙包做好准备　　　　　逃跑者躲闪投掷来的沙包不被打到

更换投掷手，继续游戏

4. 沙包游戏：躲子弹

游戏年龄：大班

游戏材料："日"字格场地（长5.5米，宽3.3米）、沙包1个

游戏目标：

1. 训练幼儿的投掷能力。
2. 在躲闪过程中提高幼儿下肢运动的速度和灵敏度。
3. 培养幼儿对距离的目测能力。

基本玩法：两人用沙包投掷其他幼儿，其他幼儿要躲避"来袭"的沙包，被投中者离开场地并等待下次游戏开始。

游戏玩法：

1. 将幼儿分为甲乙两组，甲组为两个投掷手，乙组为躲避者。游戏开始后，甲组两人站立于"日"字格线外两端做好投掷准备。

2. 乙组幼儿站在"日"字格内"口"字一侧，面向首先投掷沙包的一方躲闪投来的沙包，在投掷手捡取沙包时，乙组幼儿迅速跑入日子格的另一个"口"字方位内躲闪投来的沙包；

3. 乙组中被打到的幼儿需离场到指定位置休息，直到"日"字格内的所有幼儿都被投中后，重新划分甲乙两组成员，继续开始游戏。

游戏提示：

1. "日"字格内躲闪的幼儿不能跑出线外，投掷手不能跑到"日"字格内投掷。

2. 为游戏安全，投掷时沙包只能朝胸部以下投掷。

游戏图示：

"日"字格场地，两端的两条线为投掷处

幼儿躲避袭来的沙包　　　　幼儿需快速跑到另一侧以躲避沙包

5. 沙包游戏：跑城

游戏年龄： 大班

游戏材料： 螺旋形线条"跑城"（每条线之间的距离为 70 厘米左右）、沙包

游戏目标：

1. 训练幼儿的投掷能力。
2. 提高幼儿下肢运动的速度和灵敏性。
3. 培养幼儿迅速躲闪的能力。

基本玩法：圈外幼儿拿沙包投向圈内躲跑的幼儿，圈内幼儿在"跑城"中躲避投来的沙包。

游戏玩法：

1. 幼儿分为甲乙两组，甲组在"跑城"外侧线条处手拿沙包等待，乙组当"跑城者"站在"跑城"入口处等待。

2. 游戏开始后，甲组幼儿（用一个沙包）为进攻方，乙组幼儿为防守方，甲组幼儿捡起掉在自己跟前的沙包向移动的"跑城者"投掷。

3. "跑城"里的乙组幼儿躲闪飞来的沙包，并向最里圈的终点移动，若被击中则需站到圈外等待。当一名成员到达终点时等待其他成员的到来，所有人员都到达后再按原路线返回起点，返回途中继续躲闪飞来的沙包，被击中者站到圈外等待，若无一人被击中则可以连续进行游戏，反之则两组互换角色后继续游戏。

游戏提示：

1. "城内"幼儿需按跑道圈数依次跑入最中央，不能越级，"城外"幼儿不能跑到圈内投掷。

2. 沙包只可掷向胸部以下。

3. "跑城"图形可仿下图。

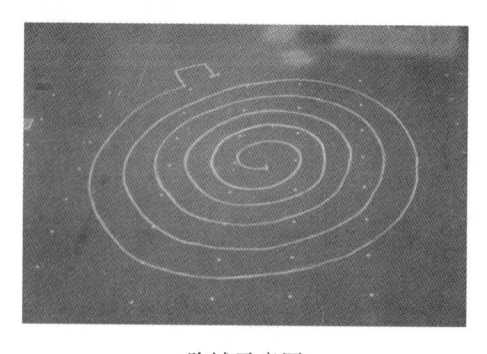

游戏图示：

跑城示意图

各就各位准备游戏　　　　　　　　开始跑入城中央

跑步中随时躲避袭来的沙包　　　　胜利到达终点后原路返回

6. 沙包游戏：跳跃和平衡

游戏年龄：中班和大班

游戏材料：沙包

游戏目标：

1. 锻炼幼儿腿部肌肉力量。
2. 促进幼儿平衡能力的发展。
3. 训练幼儿的并腿跳跃能力。

基本玩法：幼儿夹住沙包进行跳跃练习和顶着沙包平衡走。

游戏玩法：

1. 幼儿分为甲组和乙组两组队员，在起点准备。
2. 幼儿用双腿夹一个沙包连续跳跃到达终点。

3. 幼儿到达终点后将沙包顶在头上慢慢返回起点，或手拿沙包迅速返回起点交给下一名幼儿继续游戏。

游戏提示：

1. 沙包若在半路掉落可捡起来继续进行。
2. 幼儿熟练后可设置障碍物提高幼儿夹沙包跳跃的高度和难度。

游戏图示：

两组幼儿站立沙包面前准备出发

幼儿夹住沙包跳跃前进

到达终点，幼儿转身并将双腿叉开让沙包掉落

幼儿拿起沙包跑回起点交与下一名等候组员

7. 沙包游戏：踢沙包

游戏年龄： 中班和大班

游戏材料： 沙包、长绳（约 60 厘米）

游戏目标：

1. 促进幼儿身体协调能力、平衡能力的发展。
2. 通过边踢边数数，学习数字统计。
3. 提高踢腿动作的技能技巧。

基本玩法：一手将沙包提至一定高度，瞄准沙包，用一只脚内侧位向上踢沙包。

游戏玩法：

1. 将沙包与绳子连接起来用，幼儿单手拿绳子一端提着沙包到适当高度。
2. 幼儿用脚的内侧面踢打沙包，边踢边数数，比比谁踢得精确，踢的次数多。

游戏提示：

1. 将沙包和长绳缝制在一起。
2. 中班幼儿可先练习用膝盖和脚的任意部位踢沙包，大班幼儿强调用脚尖、脚的各个侧面等多个位置踢沙包。
3. 沙包的高度以幼儿将脚抬起来能踢到为准。

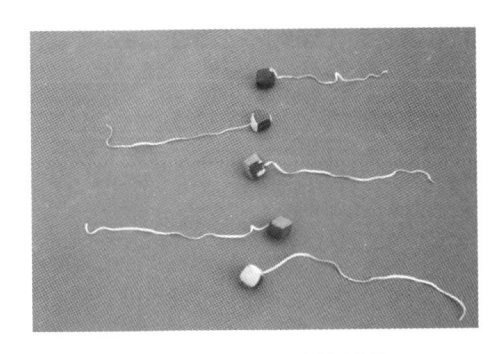

游戏图示：

由沙包和绳子组成的玩具

边踢沙包边数数 　　　　　　　合作踢沙包

8. 沙包游戏：打怪兽

游戏年龄：小班和中班

游戏材料：沙包、长橡皮筋（约1.5米）、筛子或其他材料制成的靶心

游戏目标：

1. 练习手臂抓、握和拉的技能技巧。
2. 训练幼儿对目标的目测能力。
3. 提高幼儿投掷的精准度。

基本玩法：幼儿手持沙包与靶心保持一定距离后将沙包投向靶心，击中次数越多分数越高。

游戏玩法：

1. 将靶心固定在墙面上，橡皮筋的一头固定在靶子上，一头固定在沙包上。
2. 幼儿手拿沙包将橡皮筋拉到适当位置松手，利用橡皮筋的弹力带动沙包打到靶心上。

游戏提示：

1. 橡皮筋拉长距离在1—2米之间。
2. 靶子要固定在墙面上，不能脱落。
3. 可用铁皮盒制作靶心，这样沙包击中靶心会发出声响，可增加游戏的趣味性。

第七章 100项幼儿园民间体育游戏设计

游戏图示：

由竹筛子制作的怪兽靶心　　　　用纸箱做的靶心

拉动皮筋准备攻击靶心　　　　发射沙包"炮弹"

9. 铁环游戏：向前冲

游戏年龄： 大班

游戏材料： 直径45—50厘米的铁环、30厘米长杆铁钩

游戏目标：

1. 增强幼儿抓握强度和臂力力度。
2. 培养幼儿手臂对物体的平衡控制能力和反应速度。
3. 提高幼儿下肢运动的灵活性和协调性。

基本玩法： 用长杆推动铁环向前持续滚动，保持铁环的平衡性。

游戏玩法：

1. 左手轻扶铁环，右手握着长杆，用"U"型铁钩推着铁圈做准备状态。

2. 左手松开铁环的同时顺势推出，右手紧握"U"型长杆推动铁圈依靠惯性向前行驶。

3. 推动铁环持续滚动，用"U"型铁钩控制铁环的平衡，可走直线也可曲线行驶。

游戏提示：

1. 铁环材料可在网上购买，可购买带有四个小铁环的铁环，在铁环滚动时有清脆的叮叮当当的声音，可增强游戏的趣味性。

2. 滚铁环需要幼儿有一定的毅力坚持练习，初学时可先练习单手、双手推动铁环滚动的技能技巧，接着可用左手将铁环轻轻推出，练习用右手的"U"型长杆（车把）去推动铁环前行。

3. 滚铁环运动需要较大且平整的运动场地。

4. 在活动中要时刻提醒幼儿注意安全，不能将"U"型长杆对着其他幼儿。

5. 幼儿熟练后可绕柱子障碍行驶，直线行驶或开展接力比赛、爬小坡比赛等。

游戏图示：

滚铁环

第七章　100 项幼儿园民间体育游戏设计

幼儿一手持铁环一手持铁钩准备出发　　　　绕障碍物滚铁环游戏

10. 铁环游戏：跳跃练习

游戏年龄：小班

游戏材料：直径 38—45 厘米的铁环若干

游戏目标：

1. 练习双脚跳和单脚跳跃的技能技巧。
2. 锻炼腿部肌肉力量，提高幼儿身体运动的协调性和平衡性。

基本玩法：将铁环平铺于地面，幼儿利用环圈空间做跳跃练习。

游戏玩法：

1. 将铁环依次平放在地，摆成直线或曲线，让幼儿依次从第一个铁环开始双脚跳跃至最后一个铁环。
2. 把铁圈单双相间平摆在地，让幼儿依次从第一个铁环开始跳跃至最后一个铁环。

游戏提示：

1. 铁环之间的距离可逐渐拉大，提高幼儿双脚跳跃的难度。
2. 适合小班的铁环游戏还有多种玩法，如铁环可握于双手当汽车方向盘，铁环套在身上可当滑行的小轮船等。

游戏图示：

将铁环有规律地摆放　　　　　　　　幼儿进行跳跃练习

11. 跳绳游戏：单人跳绳

游戏年龄：中班和大班

游戏材料：跳绳

游戏目标：

1. 在肩关节、肘关节和手腕关节协调运动中促进动作灵活性发展。
2. 提高幼儿控制身体跳跃的平衡感和节奏感。
3. 促进幼儿数数能力的发展。

基本玩法：幼儿双臂挥动绳子，双脚不能踩住绳子，做有节奏的跳跃动作。

游戏玩法：

1. 练习简易跳绳，即身体自然站立，双脚稍开，两手抓握绳把并自然下垂，双手手腕挥动绳把带动绳子前后甩动，腿部膝关节发力带动身体配合绳子原地跳跃。

2. 变换跳跃的方式，如双脚跳跃、单脚跳跃、两脚交换跳跃和跑步跳跃等。

3. 两名幼儿为一组，一名数数，一名跳绳，比比谁不间断跳的次数最多。

游戏提示：

1. 跳绳中双脚着地时应前脚掌首先着地，不能用脚后跟着地。前脚掌着

第七章　100项幼儿园民间体育游戏设计

地能够保护幼儿的踝关节,并可提高幼儿的跳跃速度和高度。

2. 跳绳练习可分解进行,在学会弹跳的基础上,先练习手拿绳子单侧甩臂动作,接着练习单侧甩绳子的同时双脚起跳,最后进行双脚和双手的配合跳跃练习。

游戏图示:

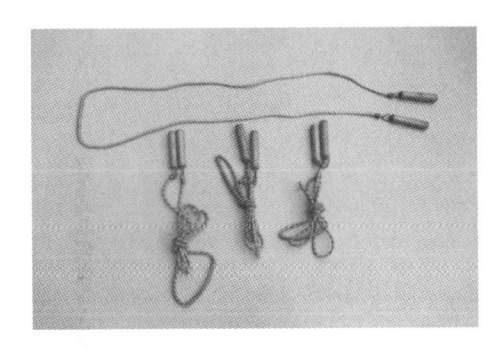

跳　绳

原地自由跳绳 　　　　　　　　　　　　跑步跳绳

12. 跳绳游戏:多人跳绳

游戏年龄:大班

游戏材料:长跳绳

游戏目标:

1. 两人合作练习步调一致甩绳子的技能技巧。
2. 练习跳跃和跑步跳跃的能力和技巧,提高幼儿身体平衡感和节奏感。

3. 在跳绳的口令指导下，帮助幼儿建立空间方位感。

基本玩法：两名教师（或幼儿）甩动长绳，幼儿排队跑入绳中做跳跃练习。

游戏玩法：

1. 两名幼儿（或教师）双手牵绳并摇动起来，幼儿排队做好进场准备。

2. 幼儿开始读儿歌，当读到"我们牵手把绳跳"（或"小鸡小鸡请进来"）时，幼儿进入跳跃区内，跟着儿歌中的要求做相应的跳跃动作。

3. 当幼儿读到"跳完绳子快快快跑"（或"小鸡小鸡请出去"）时，跳绳的幼儿离场，下一名幼儿准备进入游戏。

游戏提示：

1. 跳大绳需要较大的空间场地，最初由单个幼儿进入练习，逐步增加幼儿的人数。

2. 开始练习时，可让幼儿先站在原地开始起跳，再根据节奏从外进入跳绳区；先从简单上下跳跃动作开始练习，然后慢慢加入跳绳儿歌中的口令变化。

跳绳歌

花儿红，鸟儿叫，

我们牵手把绳跳。（进）

单脚跳，双脚跳，

向左跳，向右跳，

向前跳，向后跳，

脚步越跳越灵巧。

跳完绳子快快跑。（出）

小鸡跳绳

小鸡小鸡唧唧叫，

吵着要把绳子跳，

小鸡小鸡请进来。（进）

小鸡小鸡摸一下天，

小鸡小鸡摸一下地，

小鸡小鸡转一个圈，

小鸡小鸡……

小鸡小鸡请出去。（出）

游戏图示：

单人跳大绳 　　　　　　　　　加大难度要求的跳绳

双人协作跳绳 　　　　　　　　多人合作跳绳

13. 跳绳游戏：跳跃和平衡

游戏年龄：小班

游戏材料：跳绳多条

游戏目标：

1. 帮助幼儿树立排队等候的规则意识。

2. 练习跳跃、直线走等动作的技能、技巧。

基本玩法：将多条绳子平铺于地面让幼儿做跳跃和平衡练习。

游戏玩法：

1. 将多条短绳平铺于地，每条绳子之间隔一段距离呈梯子型摆放，幼儿依次从第一条绳子双脚跳跃至最后一条绳子处。

2. 将长绳平铺于地，幼儿需保持身体平衡，从长绳上踩着走过。

游戏提示：

1. 上述游戏玩法可独立进行或连续进行。

2. 跳跃练习中可让幼儿扮演青蛙、小兔子等角色进行游戏活动。

游戏图示：

将绳子摆放地面，幼儿扮演青蛙练习跳跃　　　　　幼儿踩在绳子上依次前行

14. 跳绳游戏：钻山洞

游戏年龄：小班

游戏材料：跳绳多条

游戏目标：

1. 帮助幼儿树立排队等候的常规意识。

2. 学习钻爬等动作的技能、技巧。

基本玩法：依据绳子的高度，幼儿全蹲、半蹲或爬行通过绳子"山洞"。

游戏玩法：

1. 幼儿每两人为一组将跳绳拽直举起，其他幼儿依次从绳子下面钻过。

2. 在教师的指导下，跳绳的高度依次由高到低，逐渐增大幼儿钻爬的要求难度。

游戏提示：拉绳子的两名幼儿要将绳子拉直，钻爬绳子"山洞"的幼儿身体不能碰到绳子。

游戏图示：

幼儿用绳子搭成不同高度的"山洞"　　　　　幼儿过"山洞"

15. 水枪游戏：射击

游戏年龄：中班

游戏材料：竹筒水枪、塑料筒水枪、水桶和靶子

游戏目标：

1. 学习拽和推的动作，促进手臂动作能力的发展。

2. 提高幼儿对距离远近的目测能力。

3. 手、眼和水枪三者协调，击中目标。

基本玩法：手持水枪，抽拉杆吸满水，利用推的压力将水射向目标。

游戏玩法：

1. 将靶子固定在墙上与幼儿脸部相持平，幼儿站在2—5米外的横线处做准备。

2. 幼儿左手拿水枪筒，右手抽拉推杆从水桶内吸水注满竹筒。

3. 幼儿将水用力推出射向靶心。

游戏提示：

1. 靶子可变换多种材料来代替，如不同图案、不同形状和不同颜色的靶子等。

2. 夏天时幼儿可穿背心或赤着上身，互相追逐射击，玩"打水仗"游戏。

3. 竹制水枪和塑料水枪可在玩具商店购买，因竹制水枪不易保管，建议用塑料或其他材质水枪。

游戏图示：

竹制水枪

幼儿将水枪抽满水准备射击　　　　瞄准目标"开枪"

16. 水枪游戏：水枪搬运工

游戏年龄： 中班

游戏材料： 塑料水枪、水桶

游戏目标：

1. 练习双手配合操作手，促进小肌肉动作的发展。

2. 养成专注的活动操作习惯，培养幼儿的手眼协调能力。

3. 促进幼儿规则意识、合作意识等社会领域认知能力的发展。

基本玩法： 将水从水桶抽入水枪中，推动拉杆将水枪中的水注入水桶。

游戏玩法：

1. 将两只水桶分开一定距离放置，其中一只水桶盛满水，一只水桶为空桶。

2. 将幼儿分成小组进行比赛，幼儿用水枪把桶中的水运至空水桶内，看哪一组在规定时间内抽注的水最多。

游戏提示：

1. 空桶可选透明材质的，以便幼儿观察到水的上升过程。

2. 空桶可做一些装饰以增加游戏的趣味性，如给水桶贴个大嘴巴让幼儿比赛给动物宝宝喂水。

3. 提醒幼儿不能用水枪对准其他幼儿的脸部射击，以确保游戏的安全性。

游戏图示：

将水枪抽满水准备出发　　　幼儿迅速冲向前面的空桶并将水打进桶里

17. 板鞋游戏：乌龟快跑

游戏年龄： 中班和大班

游戏材料： 木质板鞋（宽度约 5 厘米、厚度约 10 厘米，双人长度约 25

厘米，三人长度约 80 厘米）、固定鞋套

游戏目标：

1. 练习手臂和腿部协调行走的灵活性。
2. 发展幼儿的攀爬能力，为下一步的直立行走游戏做准备。

基本玩法： 将手和脚同时套入鞋套内进行同手同脚爬行练习。

游戏玩法：

1. 一人手脚穿好鞋套爬行练习。
2. 两人手脚穿入鞋套进行攀爬练习。

游戏提示：

1. 木板的宽度要能容下幼儿的脚宽度，鞋套可用宽皮筋制作。
2. 游戏需在平坦地面进行。

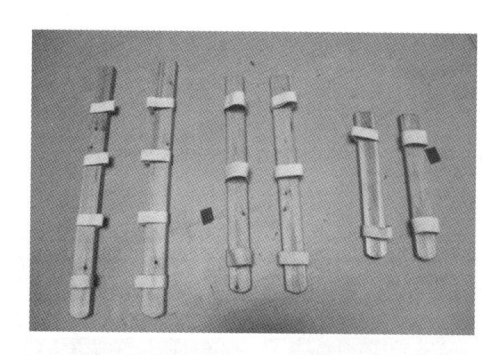

游戏图示：

不同规格的竞速板鞋

幼儿将脚和手穿入鞋套做好准备　　幼儿手脚配合进行爬行游戏

18. 板鞋游戏：多足一二一

游戏年龄：中班和大班

游戏材料：木质板鞋（宽度约 5 厘米、厚度约 10 厘米，双人长度约 25 厘米，三人长度约 80 厘米）、固定鞋套

游戏目标：

1. 通过原地走、慢走和快走锻炼下肢运动的灵活性和协调性。
2. 培养集体合作意识，体验合作完成游戏任务的乐趣。
3. 在有节奏的运动中提高幼儿身体平衡能力。

基本玩法：两人或三人穿好鞋套，保持身体平衡，协调一致地前进运动。

游戏玩法：

1. 两名幼儿将脚套进鞋套，后一名幼儿双手扶在前面幼儿的腰部或肩部做好准备。
2. 穿好鞋子后，幼儿一起喊"一二一，左右左"口令原地踏步准备出发，步调一致后向前走，直到终点。
3. 分组进行竞速板鞋游戏。

游戏提示：

1. 木板的长度、宽度以及鞋套的大小需按照孩子的身体比例设计，鞋套要依据幼儿脚型用高强度橡皮筋制作，木板上的鞋套数为 2—4 人。
2. 练习时，教师先给予口令，如同时抬左脚或同时抬右脚，喊"左右左、一二一"等口令让幼儿步调一致，接着由幼儿自己喊口令进行游戏。
3. 熟练游戏后，引导幼儿自然向前走，再慢慢过渡到横跨走、快速走、直线走、曲线走和上下台阶等多种游戏方式。

游戏图示：

穿好板鞋搭肩膀保持平衡　　　　听口令进行左右脚同时提步的练习

双人四足比赛

19. 竹筒高跷

游戏年龄：小班、中班和大班

游戏材料：竹制高跷（高约 3—5 厘米、直径 6 厘米）、塑料高跷、长绳和沙瓶障碍物等

游戏目标：

1. 通过手与脚的配合提高幼儿身体平衡能力和协作能力。
2. 培养幼儿敢于挑战困难和克服困难的良好品质。
3. 学习常规，会一个一个地排队走。

基本玩法：幼儿双脚踩在高跷上，双手拉住同侧绳子，向前迈步移动。

游戏玩法：

1. 双脚踩高跷，双手分别拽握绳子，将高跷拽紧。

2. 幼儿自由在原地踏步做热身和准备动作。

3. 教师提出要求，让幼儿从起点走向终点，并可增加障碍物以提高踩高跷的难度。

游戏提示：

1. 踩高跷时双手要拉紧绳子，脚和高跷贴紧，脚要抬高，步子不能跨太大。

2. 小班幼儿可先在 3－5 厘米高的高跷上练习，熟悉后增加高度进行游戏。

3. 刚开始学习时让幼儿按照操作方式自由走动，接着有目标地提出向前走、向后走、向左右走、走直线和绕障碍物等任务要求。

游戏图示：

竹筒高跷

幼儿在平地上进行游戏　　　　　增大难度，提高幼儿平衡能力

20. 轮胎游戏：跳"土坑"

游戏年龄：中班和大班

游戏材料：废旧汽车轮胎或自行车轮胎

游戏目标：

1. 练习单双脚跳跃的技能技巧，促进幼儿腿部肌肉的发育。
2. 通过在轮胎上的走步练习，提高幼儿的身体平衡力和协调能力。
3. 培养幼儿克服困难、敢于挑战的精神品质。

基本玩法：有规则地摆放轮胎，让幼儿在轮胎上练习跳跃。

游戏玩法：

1. 将轮胎平放排成队列，单双数相间隔。
2. 让幼儿踩在轮胎边缘从轮胎上走过，在平衡走的练习中做热身准备。
3. 将轮胎以"一二一"方式排列，让幼儿练习跨步和并步跳跃的技能技巧。

游戏提示：

1. 轮胎之间的距离根据活动设计的难度可做灵活改变。
2. 注意检查轮胎的安全性，露出钢丝和变形的轮胎要及时更换。

游戏图示：

| 从轮胎上走过进行热身准备 | 单双数轮胎跳跃学习 |

21. 轮胎游戏：爬轮梯

游戏年龄：小班和中班

游戏材料：汽车轮胎

游戏目标：

1. 训练幼儿的攀爬能力，促进幼儿手脚协调性的发展。
2. 培养幼儿克服困难、勇于挑战的精神品质。
3. 提高幼儿身体运动的平衡能力。

基本玩法：将轮胎摆成"山坡"状，让幼儿在"山坡"上进行攀爬游戏。

游戏玩法：

1. 将轮胎并列排成队，幼儿从这些轮胎上爬行通过。
2. 将轮胎垒叠成小山状，让幼儿先爬行一层的轮胎，逐步加高轮胎层数，增加攀爬的挑战性。

游戏提示：

1. 攀爬过程中教师要鼓励幼儿勇敢尝试，并在两侧做好保护工作。
2. 选用硬度强、大小一致的轮胎，以确保轮胎的稳定性和安全性。

游戏图示：

低高度轮胎山　　　　　　　　增加轮胎层数，提高攀爬难度

22. 轮胎游戏：滚轮子

游戏年龄：中班和大班

游戏材料：汽车轮胎和沙瓶障碍物

游戏目标：

1. 在推轮胎的练习中，提高幼儿双臂对轮胎的控制能力。
2. 通过合作任务促进幼儿团队意识的提高。

基本玩法：幼儿双手将轮胎竖立并推动轮胎向前滚动。

游戏玩法：

1. 幼儿单人游戏，用双手将轮胎推至指定终点。
2. 幼儿双人游戏，两人合作将轮胎推滚到指定终点。
3. 将幼儿分成两队进行比赛，路线中增加障碍物，看哪队能够最先把全部轮胎运送完。

游戏提示：

1. 幼儿的双手要紧靠轮胎，当轮胎滚动起来时，用一只手去推动轮胎向前移动，另一只手操控方向。
2. 在掌握基本的滚轮胎动作后，教师可引导幼儿先练习直线滚动，然后再加上路线障碍学习曲线滚动。

游戏图示：

双手推轮胎准备出发　　　　　　　　双手扶轮胎向前滚动

23. 筛子游戏：平衡顶

游戏年龄：中班和大班

游戏材料：筛子和长木凳

游戏目标：

1. 提高幼儿身体运动的平衡和稳定能力。
2. 发展幼儿慢步走的控制能力。

基本玩法： 幼儿将筛子顶在头上慢慢移动脚步保持筛子不落地。

游戏玩法：

1. 幼儿将装饰好的筛子放置在头上，头部保持向上伸直，身体保持平衡使筛子不落地，比比谁保持的时间长。

2. 幼儿将筛子顶在头顶，直线行走，保持筛子不掉，走的距离远者为胜。

3. 幼儿将筛子顶在头部，从长条木凳上依次走过，保持身体平衡使筛子不落到地上。

游戏提示：

1. 需检查竹筛子的安全（如剔除毛刺），避免伤到幼儿。也可用塑料制作的筛子、圆桶盖子和蛋糕盒、月饼盒代替竹筛子。

2. 用不同的颜料、毛线等材料对筛子进行装饰，增加器材的趣味性。

游戏图示：

不同大小的竹筛子

原地反顶筛子平衡练习 　　　　　　　顶着筛子走向终点

保持平衡，头顶筛子跨上长木凳 　　　保持平衡，头顶筛子在木凳上行走

24. 筛子游戏：逗沙

游戏年龄：小班

游戏材料：筛子和沙池

游戏目标：

1. 通过抓、推、拉、摇和抖等动作促进幼儿手臂机能的发展。
2. 培养幼儿的合作意识，发展幼儿社会交往能力。

基本玩法：幼儿摇动装有沙子的筛子，让沙子从筛子孔缓缓漏下。

游戏玩法：

1. 一名幼儿用筛子装上沙子，然后双手托起筛子摇晃，使细沙子从筛子孔流下，直到筛子内剩下掉不下去的小石块为止。

2. 两名幼儿面对面一起抬起装满沙子的筛子，然后你推我拉地摇晃筛子使沙子往下漏，再把漏不下的小石块倒在一边，比比谁筛出的小石块多。

第七章　100项幼儿园民间体育游戏设计

游戏提示：
1. 让幼儿学会保持筛子平衡，选用的筛子的筛孔要与沙子大小相似。
2. 游戏中要引导幼儿学会合作，有节奏地晃动筛子。

游戏图示：

幼儿蹲下端好筛子准备游戏　　　　　　两人合作筛沙子

单人筛沙子游戏

25. 筛子游戏：空中接物

游戏年龄： 大班

游戏材料： 筛子和沙包

游戏目标：
1. 练习投掷技能，提高对距离远近的目测能力。
2. 培养幼儿相互配合和互相合作的团队意识。
3. 尝试用筛子接住抛来的沙包，使其不落地。

基本玩法：幼儿双手持筛子将抛来或抛起的沙包接住。

游戏玩法：

1. 两名幼儿进行游戏，一名幼儿双手持筛子，一名幼儿手拿沙包准备。

2. 两人相隔一定距离，投掷手瞄准筛子抛物线式投掷沙包，接沙包手迅速移动，用筛子接住对方投来的沙包。

3. 两名幼儿双手端着筛子将里面的沙包快速抛起，并移动位置接住掉下来的沙包。

游戏提示：

1. 纸箱、蛋糕盒、塑料脸盆和水桶都可作为游戏的道具。

2. 在双人配合投接之前，可先将筛子置于地面练习简单投掷，练习熟练后进行两人配合投掷。

游戏图示：

抛接手相隔一定距离准备游戏　　　　用筛子接住迎面抛来的沙包

两名幼儿合作原地抛接沙包

26. 抓"小鱼"

游戏年龄：小班、中班和大班

游戏材料：可用于打捞的玩具，筷子、渔网和脸盆

游戏目标：

1. 学习夹、捞的动作，促进手部精细动作的灵活性发展。
2. 培养数概念，在抓"小鱼"的游戏中学习数数和分类。
3. 促进注意力的发展。

基本玩法：借助工具将水中的"小鱼"夹出或捞出。

游戏玩法：

1. 用筷子练习将地面的玩具夹起来。
2. 将不同的小玩具放在盛满水的大脸盆中，幼儿用筷子或渔网打捞"小鱼"，并将"小鱼"数数归类。

游戏提示：

1. 游戏可在戏水池（游泳池）中进行，也可用脸盆代替戏水池进行游戏。
2. 小班幼儿用渔网打捞"小鱼"，中班和大班的幼儿可使用长筷子夹水中的"小鱼"。
3. 在条件允许的情况下可放置活的小鱼以提高幼儿捞鱼的速度和灵敏度，让幼儿在"追捕"鱼的过程中体验游戏的乐趣。

游戏图示：

抓"小鱼"游戏器械

将水中玩具夹出或捞出　　　　　　　　练习用筷子夹

27. 玩沙子

游戏年龄：小班

游戏材料：沙池、模型教具、小木棍和小铲子等

游戏目标：

1. 通过手臂操作，培养幼儿动手探索的能力。

2. 培养幼儿艺术表现的想象力和创造力。

基本玩法：借助沙子的可塑性和流动性进行游戏。

游戏玩法：

1. 沙池要保持一定的湿度，以增加沙子之间的粘稠度。

2. 鼓励幼儿自由玩耍，可以堆沙堆、刨沙坑或利用模型壳压制出各种物体的形状。

游戏图示：

借助各种工具玩沙子

28. 开小车

游戏年龄：小班

游戏材料：废旧纸箱子制作的小车、红绿灯指示牌和障碍物

游戏目标：

1. 促进幼儿移动时身体平衡能力的发展。
2. 学习交通常规知识。
3. 发展幼儿社会交往的能力。

基本玩法：幼儿扮演"小司机"，双手开动"汽车"按照交通规则行驶。

游戏玩法：

1. 幼儿身体钻入箱子内，做司机开车准备。
2. 教师引导幼儿按照指示灯和路线要求进行开车游戏。
3. 增加障碍物，提高开"小汽车"的趣味性。

游戏提示：

1. 汽车可分为多人开和单人开以满足幼儿扮演角色的需要。
2. 幼儿先练习"开车"慢慢行走，然后逐渐加入各种交通规则要求。
3. "小汽车"可用纸皮箱制作，也可用呼啦圈之类的器材代替。

游戏图示：

纸箱制作的汽车玩具

29. 划龙舟（一）

游戏年龄：中班和大班

游戏材料：多块长溜溜布条

游戏目标：

1. 促进幼儿腿部运动能力的发展。
2. 让幼儿愿意与同伴合作，理解集体的意义。
3. 通过识别空间方位，提高幼儿的空间思维能力。

基本玩法：幼儿依次坐在溜溜布上模仿划船的动作。

游戏玩法：

1. 幼儿在溜溜布上做前滚翻、侧滚翻等翻越动作热身，调动运动情绪。
2. 幼儿依次坐在溜溜布上，两手抓握溜溜布边缘，听教师口令"前、后、左、右"，练习划船动作。
3. 幼儿双手拽紧溜溜布一起喊口令"一二一"向前行驶。

游戏提示：

1. 练习"左、右、前、后"动作时可要求幼儿按与口令相反的方向进行练习，培养幼儿快速反应的能力。
2. 分两组比赛"划龙舟"时，游戏人数不宜过多，在夹住溜溜布"划龙舟"时以一组5—8人为宜。
3. 也可将废旧的纸箱连接起来制作成"龙舟"供幼儿玩耍。

游戏图示：

按顺序依次坐好　　　　　　　　双手将布条边拽起来，做"龙舟"样

第七章　100 项幼儿园民间体育游戏设计

摇晃中的"龙舟"　　　　　　左右"划龙舟"

将溜溜布夹在腿下滑动"龙舟"前行

30. 划龙舟（二）

游戏年龄：小班

游戏材料：自制的划桨和响鼓

游戏目标：

1. 通过手臂摇摆练习，促进手腕、手臂灵活性的发展。
2. 让幼儿愿意与同伴合作，并有节奏地划桨。
3. 学习赛龙舟。

基本玩法：幼儿手拿划桨依次坐在凳子上玩划船游戏。

游戏玩法：

1. 幼儿按秩序坐在小凳子上，教师通过划船故事带幼儿进入游戏情境，幼儿自由用划桨玩划船游戏。

2. 幼儿学习用先左后右的方式统一划桨。

3. 一名幼儿有节奏地敲响鼓，其他幼儿唱着儿歌"划桨"，有节奏地统一前后摆动进行游戏。

游戏提示：

1. 用硬纸板做桨，用废旧的铁盒做响鼓。
2. 先学习先左边后右边的划桨动作，然后逐步掌握划桨节奏。

赛龙舟

嘿呦嘿呦，向前划！
我们的龙舟快又大！
加油加油，我不怕！
赢得第一笑哈哈！

游戏图示：

划龙舟的器材 　　　　　　　　　划龙舟游戏

31. 梯子游戏：平衡桥

游戏年龄： 中班和大班

游戏材料： 木梯和汽车轮胎

游戏目标：

1. 发展幼儿下肢力量，通过攀爬练习促进幼儿身体平衡能力和协调能力的发展。

2. 消除恐惧感，培养幼儿敢于挑战困难，坚强、勇敢的品质。

基本玩法：利用梯子之间的间隔空隙让幼儿练习跨步走。

游戏玩法：

1. 将梯子平放于地面，幼儿踩在木梯横梁上保持身体平衡，半路不能踩空，无失误者为胜。

2. 用汽车轮胎将梯子架空，幼儿双脚踩着横梁从空中的梯子通过。

游戏提示：

1. 梯子平行宽度约为 10 厘米，间隔之间距离约 30 厘米。

2. 最初练习时，鼓励幼儿手脚并用攀爬竹梯桥，逐渐学会只用双脚通过。

3. 随着梯子高度的增加，教师需在两侧站立保护幼儿安全。

游戏图示：

木质梯子

地面平衡热身　　　　　　　　从轮胎和梯子搭建的"桥"上通过

提高"桥"的高度,增大幼儿过平衡桥的难度

32. 梯子游戏:爬山坡

游戏年龄:中班和大班

游戏材料:竹梯、汽车轮胎和软垫

游戏目标:

1. 通过攀爬练习,促进幼儿手脚协调发展,提高幼儿攀爬的技能。
2. 鼓励挑战困难,消除幼儿对高空体育活动的恐惧感。
3. 学习从高空跳下的技能技巧。

基本玩法:叠高轮胎,用梯子搭成不同高低的"山坡"供幼儿进行攀爬练习。

游戏玩法:

1. 将木梯平铺于地练习平衡走,做好热身准备。
2. 将梯子的一侧搭在轮胎上,要求幼儿从梯子一侧爬上,从另一侧爬下,在爬梯子的过程中逐渐增加轮胎数量以提高攀爬的高度。
3. 在地面铺上软垫,让幼儿从梯子爬上后从轮胎上跳下,完成游戏任务。

游戏提示:

1. 强调游戏是手脚并用进行攀爬练习。
2. 增加高度跳跃时需加保护软垫。

游戏图示:

第七章　100项幼儿园民间体育游戏设计

手脚并用攀爬"小山坡"　　　　　　从"小山坡"上跳下

33. 梯子游戏：上高墙

游戏年龄：大班

游戏材料：不同高度的人字梯

游戏目标：

1. 通过攀爬练习，促进幼儿手脚协调能力的发展，提高幼儿上和下的攀爬技能。

2. 增强幼儿挑战困难的信心，降低对高空运动的恐惧感。

基本玩法：将梯子竖立放置，借助梯子练习幼儿的攀爬技能。

游戏玩法：

1. 爬上爬下的基本动作训练。

2. 幼儿爬到梯顶后协调手脚的交替动作，翻越梯子后慢慢爬下。

游戏提示：

1. 可以分三个高度的梯子进行练习，从低到高逐渐提高攀爬的难度。

2. 教师要紧跟幼儿保护其安全，并指导幼儿如何攀爬梯子，尤其是在梯子顶端时学习跨越的动作。

游戏图示：

幼儿学习上梯子和下梯子的方法 　　　掌握攀爬技能后，开始上和下的连续动作

34. 梯子游戏：钻山洞

游戏年龄：小班和中班

游戏材料：梯子

游戏目标：

1. 学习攀爬中的钻、爬等动作。

2. 通过攀爬游戏提高幼儿攀爬的速度并增强耐力。

基本玩法：将木质梯子横向竖立，利用梯子的间隔学习攀爬动作。

游戏玩法：

1. 两名幼儿将梯子横向扶平，并保持平衡。

2. 幼儿排队等待，游戏开始后，幼儿从梯子间隔中爬行通过，最后跑到终点，先到者获胜。

游戏提示：游戏时提醒幼儿小心撞头，梯子需扶平稳。

游戏图示：

横向钻梯子 　　　　　　　　　　S形钻梯子

35. 竹竿游戏：跑竹马

游戏年龄：中班和大班

游戏材料：竹竿和障碍物

游戏目标：

1. 练习跑步技能，感受跑步中双脚跨步同时跳跃带来的快乐。
2. 通过角色扮演游戏培养幼儿的想象力。

基本玩法：幼儿骑在竹竿上扮演"骑马者"进行跑步练习。

游戏玩法：

1. 幼儿模仿大将军，以竹竿为"马"，骑着竹竿马冲向终点。
2. 两名幼儿为一组，一名幼儿扮演马首、一名为骑马者，一起合作骑着竹竿马，边读儿歌边跑向终点。

游戏提示：

1. 将竹竿两头用棉布包扎起来，以防误伤幼儿。
2. 骑竹竿马的过程中，可以增加一些故事情境，如教师领着幼儿慢慢走，学习马叫、吃草、喝水和跑步动作等。

儿歌：大马

大将军，骑大马。

跑起来，上战场。

举起鞭儿，啪啪啪。

骑着马儿，保边疆。

游戏图示：

长短、粗细不一的竹竿

幼儿骑在竹竿上扮演"骑马者"　　　在"骑马"过程中幼儿要双脚跳跃前行

36. 竹竿游戏：拍蝴蝶

游戏年龄：中班

游戏材料：长竹竿和纸蝴蝶

游戏目标：

1. 练习向上跳的动作，提高幼儿的弹跳能力。

2. 练习追逐跑的技能技巧。

基本玩法：移动挂着纸蝴蝶的竹竿让"蝴蝶"飞起来，幼儿拍打和追逐"蝴蝶"。

游戏玩法：

1. 一名幼儿手持竹竿站在原地，其他幼儿排队依次冲刺跳跃拍打"蝴蝶"。

2. 一名幼儿手持竹竿跑动，其他幼儿追逐并用手拍打"蝴蝶"。

3. 教师手持竹竿念儿歌："蝴蝶蝴蝶飞飞，谁来谁来追追。"教师移动脚步，幼儿随教师慢慢走并说"蝴蝶蝴蝶飞飞，我来我来追追，摸到它，我赢啦"，之后跳跃着抓蝴蝶。

游戏提示：

1. 教师可慢慢提高竹竿的高度来增加幼儿跳跃的难度。

2. 游戏中幼儿人数需控制在一组 6 人左右，以防幼儿撞伤。

儿歌一：蝴蝶蝴蝶飞飞，谁来谁来追追。

第七章　100项幼儿园民间体育游戏设计

蝴蝶蝴蝶飞飞，我来我来追追。
摸到它，我赢啦。

儿歌二：蝴蝶飞飞，我来追追。
蝴蝶高高，我就跳跳。
蝴蝶低低，我就摸到。

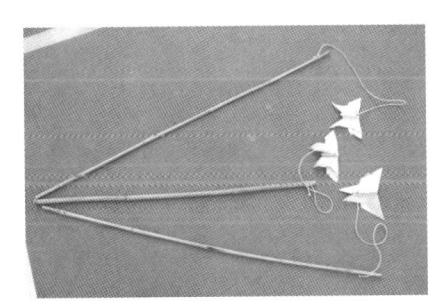

游戏图示：

折纸蝴蝶悬挂在竹竿上

两名幼儿将竹竿举高准备　　　幼儿跳跃拍打"蝴蝶"

拍"蝴蝶"追逐游戏

37. 竹竿游戏：跳跃练习

游戏年龄：小班、中班和大班

游戏材料：长竹竿和凳子

游戏目标：

1. 练习跨越跳、双脚跳和单脚跳，促进幼儿身体跳跃技能的发展。
2. 培养幼儿敢于挑战、战胜困难的品质。

游戏玩法：

1. 将多根竹竿横放在地面进行跳跃练习。
2. 用两只凳子将竹竿架高，教师指导幼儿单脚、双脚或跑步跨越竹竿，完成游戏任务。

游戏提示：逐渐增高竹竿以提升难度，两根竹竿之间的距离应适当。

游戏图示：

将竹竿按顺序摆放　　　　　　　幼儿进行跳跃练习

38. 竹竿游戏：竹竿舞

游戏年龄：大班

游戏材料：长竹竿4根

游戏目标：

1. 掌握敲打竹竿的节奏，学习跨跳动作。
2. 发展幼儿的协调能力，提高幼儿的弹跳能力和灵活性。

游戏玩法：

1. 将多根竹竿横放在地面进行跳跃练习，做热身准备。

2. 两名幼儿负责打杆，打杆的同时喊"合合—开开"，其他幼儿排队进入并喊"进进，出出"，根据竹竿的节奏依次进行跳跃和跨步，并不被竹竿夹到。

游戏提示：

1. 逐渐抬高竹竿以提升难度，两根竹竿之间的距离应适当。

2. 在游戏中可增加有节奏的上肢动作，增加竹竿舞的观赏性。

游戏图示：

竹　竿　　　　　　　　　　　有节奏的竹竿舞

39. 跳房子：单双脚自由跳

游戏年龄： 小班和中班

游戏材料： 在地面画好游戏所用的"房子"

游戏目标：

1. 培养幼儿排队等候的规则意识。

2. 训练幼儿单脚跳和双脚跳的技能技巧，提高幼儿在跳跃中对身体平衡的控制力。

基本玩法： 依据格子的单双数进行双脚跳跃或单脚跳跃。

游戏玩法：

1. 在地面画好标有数字或动物头像的"房子"，以"一格两格一格"的规律画格子。

2. 幼儿依据格子指示跳跃至房子尾部后返回队伍重新游戏。

游戏提示：

1. 游戏场地可以在班级门口进行，也可在操场进行。

2. 游戏的玩法比较自由，教师可调整跳跃方式进行游戏，如单脚跳、双脚跳和两人合作跳等。

游戏图示：

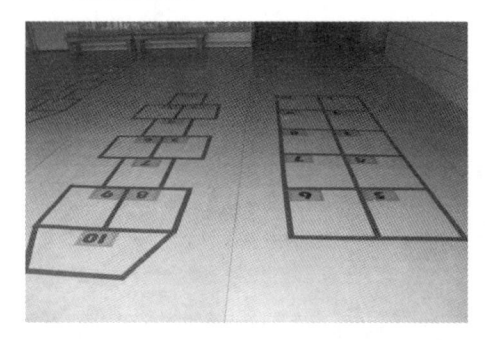

根据需要制作格子样式　　　　　动物形象跳房子

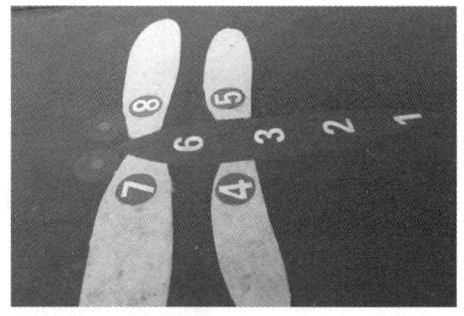

幼儿按照图示依次自由跳房子

40. 跳房子：踢石子

游戏年龄： 中班和大班

游戏材料： 标有"1、2、3、4、5"的"房子"、沙包

游戏目标：

1. 锻炼幼儿单双脚跳跃的能力。
2. 发展幼儿准确投掷的能力，提高目测的准确度。

基本玩法：单脚跳跃，按照格子的顺序用着地脚踢动沙包，依次通过地面上的格子。

游戏玩法：

1. 在地面画 5 个方格"小房子"，1 为起点，5 为终点。
2. 幼儿在横线外将沙包投掷在 1 号"房子"内，然后单脚跳入"房子"，边跳边用脚将沙包踢入 2 号"房子"，依次跳踢，直到将沙包踢至 5 号"房子"。
3. 幼儿并拢双脚夹紧沙包由 5 号房子跳至 1 号房子完成任务。

游戏提示：

1. 游戏期间沙包不能踢到线外，双脚夹着的沙包也不能落地，压线或落地者需退出重新开始游戏。
2. 格子数目的多少可根据幼儿身体能力进行调整。
3. 游戏场地可自由选择，用粉笔画好格子即可进行游戏。
4. 投掷沙包时扔出界外或压线的需要重新投掷。
5. 可用脚踢沙包出房子，变化玩法。

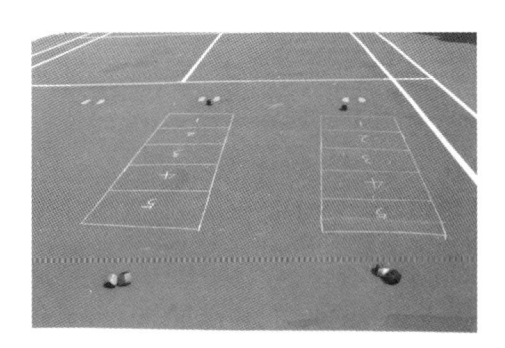

游戏图示：

场地示意图

先将沙包扔至1号位　　　　　　跳入1号后单脚将沙包依次踢到5号

从5号位置双脚夹紧沙包跳跃返回出发点

41. 跳房子：送沙包回家

游戏年龄：中班和大班

游戏材料：数字格子和沙包

游戏目标：

1. 训练幼儿单脚跳和双腿合并跳的跳跃能力。

2. 合理控制自己的力度，将沙包踢（夹跳）向指定的位置。

基本玩法：双脚跳跃，双脚夹住沙包用力丢出。

游戏玩法：

1. 将沙包投入1号房，单（双）脚依次跳过5号房后，返回跳至1号房，双脚夹住沙包将沙包丢出房外。

2. 将沙包投入2号房，单（双）脚依次跳过5号房后返跳至2号房，双脚夹起沙包跳回1号房，再将沙包丢出房外。

3. 按照上述规则手拿沙包依次投掷 3、4、5 号房，并依次用双脚夹住沙包跳至 1 号房后将沙包丢出房外，比比谁能先完成任务。

游戏提示：

1. 游戏期间沙包不能踢到线外，双脚夹着的沙包也不能落地，压线或落地者需退出重新开始游戏。

2. 格子数目的多少可根据幼儿身体能力进行调整。

3. 游戏场地可自由选择，用粉笔画好格子即可进行游戏。

游戏图示：

幼儿站在起点拿沙包投掷到数字格里　　单脚跳至最后一个格子后快速返回

返回至有沙包的格子里，双脚夹住沙包将沙包丢出去

42. 套　圈

游戏年龄：中班和大班

游戏材料：沙瓶和竹圈

游戏目标：

1. 提高幼儿手臂动作的灵活性和协调性。
2. 发展幼儿准确投掷的瞄准力。

基本玩法： 幼儿手持竹圈向前投掷并套住前面的物品。

游戏玩法： 将沙瓶摆放在地面，幼儿与沙瓶保持一定距离，手持竹圈朝沙瓶投掷并将竹圈套住沙瓶。

游戏提示：

1. 套圈由竹子制成，也可用塑料环等物品代替。
2. 幼儿可拿本记录自己投中的数量，学习数字统计。
3. 拉长投掷的距离以提高游戏的难度。

游戏图示：

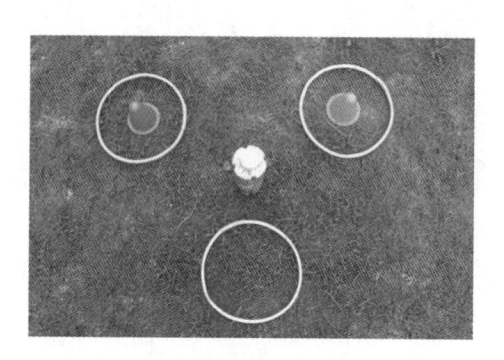

套圈材料

43. 飞箭投壶

游戏年龄： 中班和大班

游戏材料： 木棍制作的"飞箭"、纸箱子或塑料桶

游戏目标：

1. 提高幼儿手臂投掷动作的灵活性和协调性。
2. 发展幼儿目测距离的判断能力。
3. 练习控制手臂力度，学习投掷的方法和技巧。

基本玩法： 将木头制作的"飞箭"投进塑料瓶制作的"壶"中。

游戏玩法：幼儿手拿"飞箭"站立，与目标保持一定距离后瞄准，将"飞箭"投入前面的塑料瓶内。

游戏提示：

1. "飞箭"由筷子制作，"飞箭"的尾巴需要加重，这样可以控制"飞箭"平衡性。

2. 逐渐增加投壶的距离以提高投掷的难度。

游戏图示：

投壶器材

幼儿手拿"飞箭"站立准备　　幼儿将"飞箭"投入前面的瓶子里

44. 竹蜻蜓

游戏年龄：小班和中班

游戏材料：竹蜻蜓、塑料蜻蜓

游戏目标：

1. 锻炼幼儿手臂力量。
2. 提高幼儿双手搓动力量的控制力。

基本玩法：双手用力搓动竹蜻蜓并向前、向上推出。

游戏玩法：幼儿将竹蜻蜓放置于两手掌中，两手用力搓动竹竿，由慢到快，然后双手迅速松开，依靠手部力量使竹蜻蜓向上飞出，幼儿追逐竹蜻蜓至其落地，重复游戏。

游戏提示：

1. 竹蜻蜓可用竹制，也可在网上或玩具市场购买。
2. 发力关键在于两手掌的控制力度，在朝一个方向搓推之后便迅速松手。

游戏图示：

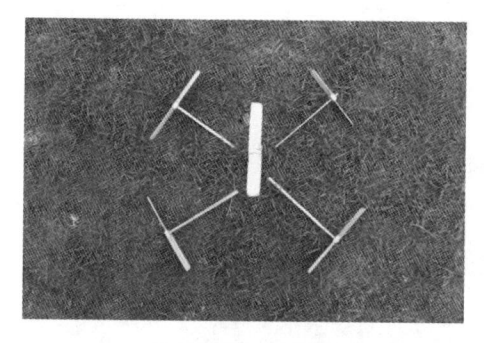

竹子制作的竹蜻蜓　　　　　用手搓动杆子顺势让竹蜻蜓"飞"起来

45. 拾豆子

游戏年龄：中班和大班

游戏材料：小背篓或塑料桶、竹筷子、报纸球

游戏目标：

1. 发展幼儿手部小肌肉动作的灵活性和协调性。
2. 促进幼儿手眼协调能力的发展。

基本玩法：用筷子将报纸球夹起放入背着的竹筐中。

游戏玩法：

1. 幼儿背起小背篓或手拿小桶，手持筷子作游戏准备。

2. 将报纸球随意散在地上，幼儿边走边念儿歌"红豆豆、绿豆豆，落在地上圆溜溜。见到豆豆拾起来，颗颗装进小背篓。拾豆豆啦"，当念到"拾豆豆啦"时幼儿开始跑步出发，边跑边用筷子夹起报纸球并放入背篓或桶内，在规定时间内夹多者为胜。

游戏提示：

1. 碎布条、纸团、小积木都可以作为被夹的"豆豆"。
2. "豆子"和纸箱可做简单修饰，提高游戏玩具的美观度。

拾豆豆

红豆豆、绿豆豆，
落在地上圆溜溜。
见到豆豆拾起来，
颗颗装进小背篓。
拾豆豆啦！

游戏图示：

筷子、报纸球和桶

幼儿手持筷子和桶准备出发　　　　用筷子将"豆子"夹进桶里，比比谁夹得多

46. 弹力球

游戏年龄：中班和大班

游戏材料：长方形布条、海绵球

游戏目标：

1. 锻炼幼儿的抛接能力，促进手臂肌肉的发育。

2. 培养幼儿的合作意识，提高社会交往能力，懂得集体"工作"的意义。

3. 学习数量统计。

基本玩法：幼儿双手抓住布条向上将海绵球抛出，并移动位置接住掉下来的海绵球。

游戏玩法：

1. 用1米长的绳子将海绵球固定于布条中间，两名幼儿双手拽握布条的四个角将其拉平。

2. 幼儿同时发力，将球垂直抛向空中，在球下落时用布条接住海绵球，重复抛接海绵球并计算连续抛接球的次数，在规定时间内连续抛接次数多者为胜。

3. 抛接熟练后，将绳子去掉，提高抛接难度。

游戏提示：抛接球的要点在于抛球时要掌握好力度，同时，还要告知幼

第七章　100项幼儿园民间体育游戏设计

儿要根据球的下落位置进行方位移动才能接住球。

游戏图示：

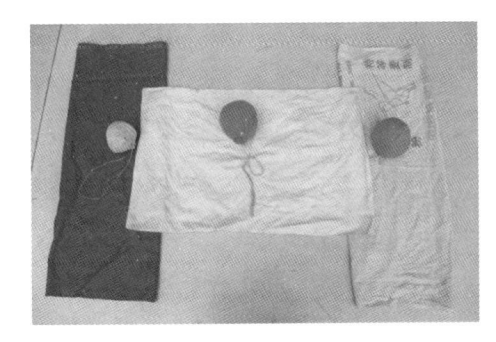

弹力球

将布放置地面保持弹力球不掉　　　　　　将弹力球慢慢抬起来

抛接弹力球

47. 滑板车

游戏年龄： 中班和大班

游戏材料：木制滑板车

游戏目标：

1. 学习用手和脚做推、拉、拽等动作的技能技巧。

2. 帮助幼儿建立集体合作意识，提高幼儿的社会交往能力。

3. 鼓励幼儿进行探索和尝试，找出滑板车的不同玩法。

基本玩法：幼儿坐在滑板车上用脚或手着地推动滑板车。

游戏玩法：

1. 一名幼儿盘腿坐在滑板车上，双手握紧扶手，另一名幼儿推动滑板车由起点到达终点。

2. 一名幼儿盘腿坐在滑板车上，双手紧握扶手，另一名幼儿用手或借助小木棍拉着滑板车由起点到达终点。

3. 幼儿趴在滑板车上保持身体平衡，借助手和脚推动滑板车由起点到达终点。

4. 幼儿坐在滑板车上，双手紧握扶手，双脚蹬地以推动滑板车由起点到达终点。

游戏提示：

1. 市场有滑板车出售，也可根据实际需要购买木板和轮子自己制作滑板车。

2. 滑板车可分为单人车和双人车，双人车由四名幼儿合作游戏，两名坐车、一名推车、一名拉车合作完成游戏任务。

3. 玩滑板车时，要让幼儿逐步把握速度快慢的控制，并提醒幼儿注意安全，小心撞伤。

游戏图示：

第七章　100项幼儿园民间体育游戏设计

木制滑板车

两名幼儿背靠背配合，用脚和腿的力量推动滑板车前行

匍匐式玩滑板车

两人合作推动滑板车前行

48. 攻打"皇城"（一）

游戏年龄：大班

游戏材料：空场地、盖子和纸箱靶子

游戏目标：

1. 学习弹盖子的方法，练习手指技能技巧，提高幼儿手指灵活性。
2. 培养幼儿耐心等待和专注的行为习惯，促进幼儿目测能力的发展。
3. 懂得合作、分享，形成游戏规则意识。

基本玩法：在一定距离用手弹盖子，并将盖子准确地弹入"城门"里。

游戏玩法：

1. 游戏开始时3名幼儿先猜拳定游戏顺序，从起始线开始朝"城门"依次弹盖子。

2. 游戏的第一种方法是只弹入"皇城"的中门，先弹入的幼儿可以弹自己的盖子去击打其他人的盖子，被打中的幼儿退出比赛；第二种方法是先进1号门（左边），再进3号门（右边），最后先进入2号门（中间）的幼儿为胜利者。

游戏提示：

1. 先练习弹的方式和方法，只要能把盖子弹进任意一个城门就算获胜，待幼儿熟练弹法后，再加入游戏规则，提高游戏难度，增加游戏的趣味性。

2. 规则要点是每人只能依次将盖子弹入"城门"，不能拿着盖子随意移动。

游戏图示：

"皇城"门示意图

瞄准"皇城"门口依次弹玻璃球或盖子　　　　　用弹珠玩游戏

将盖子弹到"城门"里

49. 攻打"皇城"（二）

游戏年龄：大班

游戏材料：路线地图、盖子和纸箱靶子

游戏目标：

1. 按照路线将盖子弹到终点。
2. 培养幼儿耐心等待和专注的行为习惯。

基本玩法：在一定距离用手弹盖子，并将盖子准确地弹入"城门"里。

游戏玩法：

1. 选一名幼儿当裁判，监督游戏的过程，盖子压到线需拿回原地等待再次出发。
2. 三名幼儿猜拳决定游戏顺序，按照地上图形的出入口依次将盖子弹到终点。

3. 盖子到达"城门"口后，依次进 1 号左门、2 号右门和 3 号中门，先进入中门的幼儿可以弹自己的盖子阻挡其他盖子的到来，被打到者退出游戏。

游戏提示：

1. 游戏中，裁判需认真观察防止选手不按正确方法游戏。

2. 游戏中，盖子不能压线，压线者需将盖子拿回上一弹出点等待游戏。

游戏图示：

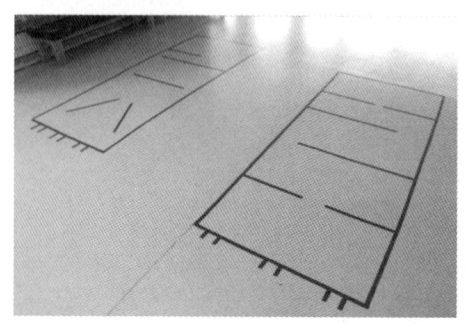

攻城路线图 　　　　　　　　　　　　攻城游戏

50. 跳皮筋

游戏年龄：大班

游戏材料：橡皮筋（约 3—4 米）

游戏目标：

1. 增强幼儿腿部和腰部的灵活性，使身体的力量和柔韧性得到发展。

2. 提高幼儿弹跳能力和平衡能力。

3. 鼓励幼儿相互合作，创编出各种花样跳法。

基本玩法：两名幼儿用身体将橡皮筋拉直，其他幼儿有节奏地用各种方式跳皮筋。

游戏玩法：

1. 两名幼儿将橡皮筋撑在腿部，将皮筋拉直。

2. 教师带领幼儿，在口令下完成双脚跳入跳出、单脚跳入跳出、单脚点绳、单脚踩绳、双脚踩绳、骑单绳、骑双绳和跨绳跳等动作学习。

3. 将皮筋拉出三角形、四边形，幼儿围着圈跳皮筋。

游戏提示：

1. 橡皮筋可用废旧自行车轮胎剪成长条制作，也可在市场上直接购买。

2. 橡皮筋的玩法很多，考虑到幼儿年龄特点，应以简单的跳绳动作为主，如点绳、踩绳、迈绳、绕绳和跨绳等基本跳绳技能。

跳绳歌

小汽车嘀嘀嘀，马兰花开二十一，二八二五六，二八二五七，二八二九三十一；三八三五六，三八三五七，三八三九四十一；四八四五六，四八四五七，四八四九五十一；五八五五六，五八五五七，五八五九六十一；六八六五六，六八六五七，六八六九七十一；七八七五六，七八七五七，七八七九八十一；八八八五六，八八八五七，八八八九九十一；九八九五六，九八九五七，九八九九一百一。

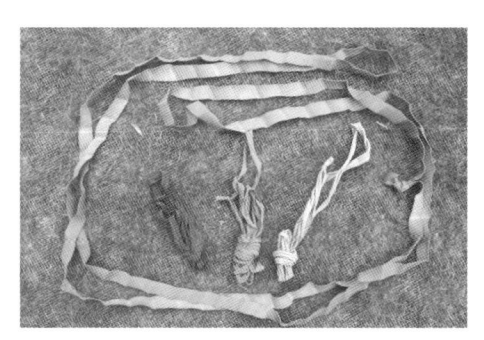

游戏图示：

橡皮筋

踩皮筋　　　　　　　　　　跨皮筋

51. 牛车爬坡

游戏年龄：中班

游戏材料：木质线轴、小皮筋和短木棍

游戏目标：

1. 增强幼儿动手操作能力，促进幼儿小肌肉的发育。
2. 幼儿乐意与别人交流和分享。
3. 感受力的转化和变化。

基本玩法：用手转动绑着皮筋的短木棍，通过皮筋的旋转力带动小车运动。

游戏玩法：

1. 组织幼儿一起制作小车，将皮筋从木质线轴中间穿过，两头分别用木棍（一长一短）固定在皮筋上。

2. 画一条线为起点，幼儿蹲下，将长棍朝同一方向绕橡皮筋，然后将小车放在地面，利用橡皮筋旋转的力量带动小车前进。

游戏提示：

1. 可从市场买到木质线轴，注意橡皮筋长久使用失去弹性后要及时更换。

2. 长木棍这端的线轴平面一定要保持光滑，可用蜡打磨使其转动得更灵活。

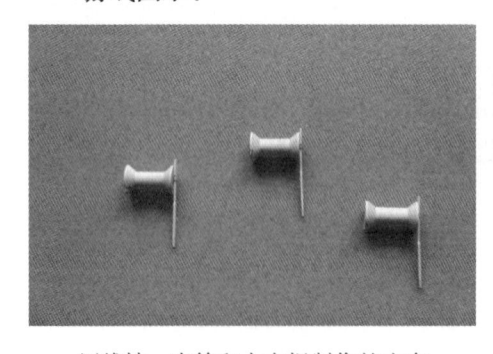

游戏图示：

用线轴、皮筋和小木棍制作的牛车　　　　比比谁的车移动得最快

52. 凳子游戏：平衡练习

游戏年龄：小班、中班和大班

游戏材料：宽度约 20 厘米的长木条凳、塑料托盘和小玩具

游戏目标：

1. 发展幼儿身体平衡能力，促进身体运动协调性的发展。
2. 鼓励幼儿敢于挑战，克服困难完成任务。
3. 培养幼儿的合作意识。

基本玩法：幼儿在约 30 厘米高的凳子上控制身体平衡，独立行走。

游戏玩法：

1. 将长木凳横向或纵向摆放让幼儿从上面走过，进行简单的平衡练习。
2. 让幼儿自己将长凳摆出三边形、四边形、五边形等进行平衡练习。
3. 将一张凳子搭在另一张凳子上固定后，让幼儿在带有斜坡的凳子上攀爬和行走。
4. 将长木凳两条平行摆放，两名幼儿抬着托盘横向移动，不能让托盘里的物品掉出。

游戏提示：小班幼儿只练习简单的平衡走，中班和大班可增加难度，让幼儿通过叠放凳子和手持托盘方式进行游戏。

游戏图示：

长木条凳

将凳子搭成长条路进行锻炼　　　　变换凳子组合方式

两人合作游戏　　　　　　　　　单人托盘平衡练习

53. 凳子游戏：开火车

游戏年龄：大班

游戏材料：长木条凳

游戏目标：

1. 练习幼儿的蹲走技能技巧，增强腰部力量，发展下肢运动的灵活性和协调性。

2. 培养幼儿集体游戏的规则意识，促进幼儿社会交往能力的发展。

基本玩法：多名幼儿骑坐在长条凳上后将凳子抬起有节奏地向前移动。

游戏玩法：

1. 幼儿骑上凳子，双手抓握凳子两侧做好准备。

2. 听从教师口令，幼儿准备出发，在出发前先喊"一二一"或"左右左"原地踏步,待步调一致后半蹲着从起点抬着凳子到达终点。

游戏提示:

1. 从两人开火车逐渐增至五人游戏。
2. 游戏中让幼儿自己数口号。
3. 游戏中可设置障碍物,让幼儿绕障碍物行走,提高游戏的难度。

游戏图示:

幼儿骑坐在凳子上准备出发　　在口令指挥下,让所有幼儿的步调一致

幼儿分组合作游戏

54. 凳子游戏:钻爬练习

游戏年龄: 小班和中班

游戏材料: 长条木凳、小玩具("手榴弹")和空框子

游戏目标:

1. 利用长条木凳练习钻爬技能。

2. 在匍匐运动中提高幼儿四肢运动的协调性和灵活性。

基本玩法：幼儿匍匐移动身体钻过凳子。

游戏玩法：

1. 将长条凳横向排列，形成"山洞"状，幼儿从"山洞"一头匍匐前行到达另一头。

2. 提出任务，幼儿需先从筐里拿上"手榴弹"然后匍匐至终点，将"手榴弹"送入空筐中，比赛谁最快，哪组先获胜。

游戏提示：

1. 小班幼儿注意保护头部，以防撞伤。

2. 游戏中可加入故事情节，如扮演解放军运输"弹药"。

游戏图示：

幼儿手拿"手榴弹"准备爬行

幼儿爬过"山洞"将"手榴弹"放入前面的筐里

两组幼儿同时游戏

55. 硬币游戏：撞钟

游戏年龄：中班和大班

游戏材料：硬币或盖子

游戏目标：

1. 培养幼儿的游戏规则意识。
2. 通过目测能力练习提高幼儿投掷和击打的精准度。

基本玩法：将盖子投向地面的另一块盖子，并能打中地面的盖子。

游戏玩法：

1. 两名幼儿为一组，每名幼儿手拿 5 个盖子，先拿 1 个盖子在一定距离外朝墙面抛出。

2. 盖子打到墙上反弹至地面，较近的幼儿站在盖子位置，将盖子拿起并对另一弹回较远的盖子进行击打，如果打不到，对方拿盖子继续击打，两人轮流进行，直到有一方击打到对方的盖子。

3. 盖子被砸中后，幼儿赢得盖子重新进行游戏。

游戏提示：

1. 可用啤酒盖子、塑料板代替硬币进行游戏，这些盖子被砸中时会发出声音可增加游戏的趣味性。

2. 盖子的落脚点为幼儿每次投掷的站立位置，幼儿不能拿着盖子随便移动位置。

游戏图示：

将盖子朝墙面扔出

双方依次用自己的盖子投掷对方的盖子，谁先被砸为输

56. 硬币游戏：滚铜钱

游戏年龄：中班和大班

游戏材料：凳子、圆形盖子或硬币

游戏目标：

1. 发展幼儿注意力，提高手眼协调能力。
2. 练习拇指和食指的拿捏推放等技巧。

基本玩法：手拿盖子从凳子最高处让其滚动而下，盖子滚动越远越好。

游戏玩法：

1. 教师分发给幼儿各 20 个圆形盖子，每 3—4 人一组。用长条凳作为斜坡，手拿盖子做好准备。

2. 幼儿用拇指和食指捏着盖子在凳子最高处同时让盖子顺势从高滚动而下，比比谁滚得远，滚得远的幼儿将赢得滚得近的幼儿的盖子。

游戏提示：

1. "滚铜钱"是一种传统游戏，在游戏中可以用瓶盖和圆形塑料板代替钱币进行游戏。

2. 游戏可以多人用一条凳子比比谁滚得最远，也可以两两进行，用两条凳子同时进行，比比谁的盖子滚得最远。

游戏图示：

滚铜钱游戏

57. 风 车

游戏年龄：中班和大班

游戏材料：折纸和木棍

游戏目标：

1. 促进手部动作的发展，提高幼儿制作玩具的能力。
2. 跑步练习和躲闪练习，发展快速跑的能力。

基本玩法：手持风车快速跑，借助风力推动风车转动。

游戏玩法：

1. 幼儿手持风车自由跑动，推动风车转动。
2. 摆放沙瓶等障碍物，练习曲线跑的同时推动风车转动。

游戏提示：风车的木棍可用一次性筷子，筷子与风车轴可用塑料管连接，在车轴处用卡片做成垫圈以使风车灵活转动。

游戏图示：

风　车　　　　　　　　　幼儿手持风车追逐

58. 大象拔河

游戏年龄：大班

游戏材料：溜溜布（长布条）

游戏目标：

1. 训练幼儿肩部的拉力和身体的平衡力。

2. 培养幼儿坚持和坚强的意志品质。

3. 感受力的分与合。

基本玩法：两名幼儿用身体朝反方向拉动绳子。

游戏玩法：

1. 两名幼儿背对背站立，将绳子分别套在幼儿的肩部，当口令开始后，幼儿分别向相反方向拉绳子，被拉过中线者为输。

2. 多名幼儿同时反方向拉动绳子，并保持身体的平衡移动。

游戏提示：拔河的绳子需选用柔软且较宽的，如长布条。绳子穿过幼儿的双臂跨在肩上和脖子上，以加大幼儿的拔河力度。

游戏图示：

爬着拔河 　　　　　　　　　　两人站立拔河

多人多方向拔河

59. 荔枝陀螺

游戏年龄：中班和大班

游戏材料：荔枝核和牙签

游戏目标：

1. 练习幼儿手部肌肉的力量和协调能力。
2. 提高幼儿的动手能力，感受自制玩具的快乐。

游戏玩法：荔枝核头部朝地，手用力旋转牙签带动荔枝核转动，比比谁的荔枝陀螺转的时间长。

游戏提示：

1. 应在平整的地面进行游戏。
2. 需将荔枝核从中间切开，然后用半截牙签插进核中间来制作荔枝陀螺。

荔枝陀螺　　　　　　　　　比比谁的陀螺转动时间长

60. 抬花轿

游戏年龄：中班和大班

游戏材料：竹椅和长竹竿

游戏目标：

1. 手脚协调一致抬轿子以保持平衡移动。
2. 培养幼儿合作、竞争的意识。

游戏玩法：

1. 两名幼儿抬轿子跑步，保持身体平衡和轿子不倒。
2. 幼儿分成两组，一组为"轿夫"，一组为坐轿者，两名"轿夫"抬着轿子慢慢走向终点。

游戏提示：

1. 轿子由小椅子和长竹竿制成。

2. 游戏应在平整的地面进行，轿子上可以放一些衣物，减轻重量，方便幼儿抬起。

游戏图示：

竹制花桥　　　　　　　　　　　　　抬花轿

61. 抓小偷

游戏年龄： 大班

游戏材料： 6个沙包、投掷图

游戏目标：

1. 通过练习提高幼儿投掷的精准度。

2. 练习躲闪和逃跑技能。

3. 培养幼儿的交流和合作能力。

基本玩法： 将沙包投掷入相应的投掷图里，扮演这个角色完成游戏任务。

游戏玩法：

1. 六名幼儿站在一定距离外开始往投掷图里投沙包，投掷图里分别有鼓手、左耳、右耳、大臣、小偷和皇上六个投掷区，谁投到哪个区就扮演哪个角色。当两名幼儿投进同一个角色时，先投入的幼儿需重新投选角色。

2. 当角色选好后，小偷背着大臣，左耳捏着小偷的左耳朵，右耳捏着小偷的右耳朵，鼓手敲着大臣的背，皇上站在原地不动，当皇上喊"回城了"，所有人都要快速逃回"城里"不被小偷抓住。

3. 当跑回城时，如果有人被抓到就要背着小偷回到皇上的位置，这时，游戏重新开始。

游戏提示：

1. 往回跑时要注意路面安全。
2. 扮演角色的幼儿要轻捏、轻敲，防止打伤"小偷"。

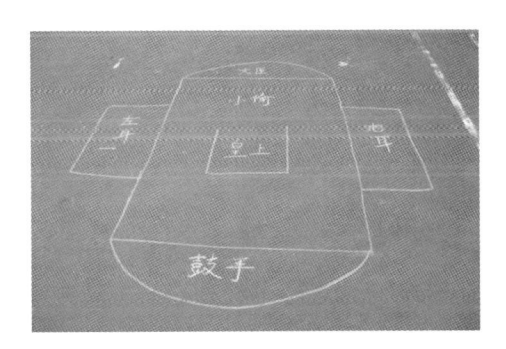

游戏图示：

抓小偷图形

将沙包投入想要扮演角色的投掷区　　　按照规则要求开始游戏

皇上喊"回城",幼儿迅速跑回

62. 两人三足

游戏年龄:中班和大班

游戏目标:

1. 促进幼儿腿部运动能力的发展,学会控制左右脚使两人步调协调一致。

2. 提高幼儿的合作意识。

基本玩法:两人合作,控制好被绑的腿,步子一致朝前走或跑。

游戏玩法:

1. 将幼儿分为多个小队,每两名幼儿为一组并列站立,并将靠拢的双腿用布条绑紧。

2. 游戏开始后,幼儿一起喊口令"一二一"或"左右左",协调迈出步子从起点跑向终点,先完成的小组为获胜队。

游戏提示:步伐协调一致是本活动的关键,因此,需让幼儿先熟悉协调动作后再进行游戏任务。

游戏图示:

游戏器材　　　　　　　　　　　两人三足游戏

63. 抓尾巴

游戏年龄：中班和大班

游戏材料：废旧报纸、布条或毛巾

游戏目标：

1. 练习走、跑、抓和闪等动作的技能技巧。
2. 通过练习追逐和躲闪，提高幼儿的反应速度和应变能力。

基本玩法：幼儿将毛巾卡在裤子后面并保护好不被别人拽走。

游戏玩法：

1. 将报纸、布条或毛巾塞入后腰部位，当作"尾巴"。
2. 每两名幼儿为一组，游戏时幼儿面对面蹲着，一名幼儿问："×××我问你，你的尾巴它像谁？"另一幼儿回答"我的尾巴像×××（猴子、大马、公鸡等）"，并反问："×××我问你，你的尾巴它像谁？""我的尾巴像×××（猴子、大马、公鸡等）"。当幼儿互相问完之后，站起来迅速互相追逐并躲闪，看谁能抓到对方的尾巴。
3. 游戏也可分成小组进行，如红队和蓝队，看看哪组抓到的尾巴最多。

游戏提示：提醒幼儿在逃跑、躲闪过程中注意安全，避免碰撞。

游戏图示：

幼儿将尾巴塞好　　　　　　　幼儿一边抓别人尾巴一边保护自己的尾巴

第二节　幼儿园徒手类民间体育游戏

1. 猜拳跑城

游戏年龄：中班和大班

游戏目标：

1. 锻炼幼儿跑步的速度和灵敏性。
2. 猜拳游戏中体验游戏的快乐。

基本玩法：猜拳决定谁先跑，并在图形内按秩序和一定方向跑步

游戏玩法：

1. 一名幼儿在城中央起始点，一名幼儿在城外起始点分别做好准备。

2. 游戏开始后，幼儿以猜拳方式决定谁先跑，输者开始数数（从1数到10），赢者以最快速度朝里（外）跑步移动，当输者数到10时，赢者停止跑步，两人再猜拳后或数数或跑步，继续游戏，比比谁能先跑出城外或跑入城内。

游戏提示：

1. 赢者在听到10后必须停止脚步，否则判为犯规，必须回上一起点重新开始猜拳游戏。

2. 跑城的宽度约为70厘米，以适合两组以上人员玩耍。

游戏图示：

跑城图形

两人分别站在城内外准备出发　　　　　　猜拳跑步

多人参与游戏

2. 小蚂蚁搬家

游戏年龄：中班和大班

游戏目标：

1. 通过蹲地走训练幼儿的耐力，促进下肢运动的协调性。
2. 培养幼儿的合作意识，提高幼儿的社会交往能力。

基本玩法： 幼儿蹲在地面，蜷着身体往前走。

游戏玩法：

1. 幼儿蹲立地面，后一名幼儿双手托放在前一名幼儿的腰上，准备开始游戏。
2. 幼儿按口令"一二一"或"左右左"的节奏蹲立原地踏步，当步调一致时开始出发向前走，先到达终点者为胜。

游戏提示：

1. 游戏中幼儿需保持步调一致才能提高蹲立走的速度。
2. 幼儿之间发生"断链"时，需立刻回复队形继续游戏。

游戏图示：

幼儿蹲在原地准备出发　　　　在口令指挥下向目标前进

3. 丢手绢

游戏年龄： 中班和大班

游戏目标：

1. 训练幼儿的跑步技能。
2. 培养幼儿集体游戏的规则意识。
3. 提高幼儿的反应速度和身体躲闪速度。

游戏玩法：

1. 多名幼儿围成圈，一名幼儿站在圈中充当第一位丢手绢的人。

2. 游戏开始后，所有幼儿一起拍手念儿歌，丢手绢幼儿开始在圈外慢慢绕圈走，当唱到"嗨！嗨！嗨"时，丢手绢的幼儿将手绢悄悄丢到某个幼儿背后便可快速跑走，被丢手绢的幼儿应立即拿起手绢追逐，若没追上丢手绢的幼儿则需表演一个小节目并充当下一位丢手绢的人，游戏重复进行。

游戏提示：

1. 幼儿的动作要有节奏，并在儿歌的节拍下进行游戏。
2. 游戏时幼儿只能绕圈快速跑，丢手绢的人可跑入被丢手绢的人空出的位置以躲避抓捕。

找朋友

一二三四五六七，
我的朋友在哪里？
在这里，在那里。
我的朋友就是你。
嗨！嗨！嗨！

游戏图示：

丢手绢游戏

4 贴膏药

游戏年龄： 中班和大班

游戏目标：

1. 锻炼幼儿追逐跑和躲闪跑的能力。
2. 提高幼儿运动的反应速度。

基本玩法：两人为一组，当有第三人站到这组时，前面幼儿需快速跑开并找到新的位置，以防被抓到。

游戏玩法：

1. 选两名幼儿，一名为"膏药"，一名为"医生"，其他幼儿每两名为一组，前后贴紧站立。

2. 游戏开始后，"医生"开始追赶"膏药"，"膏药"快速跑到某组幼儿的身后并用手拍该组前一位幼儿，这时，被拍幼儿变成"膏药"应立刻逃跑，若"膏药"被"医生"抓到，两人互换角色，继续游戏。

游戏提示：

1. 游戏应在较大场地进行，并做好保护措施。

2. 中班幼儿初学此游戏时，跑的幼儿在"贴膏药"的时候要站在等待幼儿的前面，以便让后面的幼儿看到是自己要逃跑了。

游戏图示：

贴膏药游戏

5. 老鹰抓小鸡

游戏年龄：中班和大班

游戏目标：

1. 锻炼幼儿侧身跑和躲闪跑的能力。

2. 培养幼儿的责任意识。

基本玩法：幼儿排成纵队，第一位幼儿保护后面幼儿不被扮演"老鹰"

的幼儿抓到。

游戏玩法：

1. 一名幼儿扮演"老鹰"，一名幼儿扮演"鸡妈妈"，其余幼儿依次拉住前一名幼儿的衣服排成一条长队。

2. 游戏开始后，"老鹰"面对"鸡妈妈"在队伍两侧跑动，伺机抓"鸡妈妈"身后的"小鸡"，"鸡妈妈"张开双臂阻挡"老鹰"以保护"小鸡"不被抓到。

3. 若"小鸡"被抓到则站到场外等候。跑动中，"老鹰"不可抓蹲下的"小鸡"，直到所有的"小鸡"被抓完后，重新选出"老鹰"和"鸡妈妈"进行游戏。

游戏提示：

1. 追跑时注意提醒幼儿保护自己，最好在软胶皮地上进行游戏。

2. 游戏时，要控制幼儿游戏人数，幼儿队列宜在 6 人之内，这样"甩尾"时才不易断链。

老鹰抓小鸡

老鹰天上飞，小鸡地上跑。

老鹰飞下来，小鸡快快逃。

游戏图示：

老鹰抓小鸡游戏

6. 木头人

游戏年龄：小班和中班

游戏目标：

1. 让幼儿自己摆出各种造型，促进幼儿想象力的发展。
2. 训练幼儿的自我控制能力，能够站住保持不动。

基本玩法：幼儿听到口令时身体摆出各种造型保持不动。

游戏玩法：一名幼儿当"蜜蜂"原地不动，一名幼儿走在队伍最前面，若干幼儿跟在后面做"木头人"，边走边念儿歌，当念到"不准动"时，队首的幼儿迅速回头看，其余幼儿做"木头人"立刻定格不动，这时"蜜蜂"飞出来"叮一叮"不动的"木头人"，看谁能保持不动，动的小朋友则下场休息。

木头人（一）

山、山、山，上高山，山上有个木头人，不准说话不准动。

木头人（二）

一二三，慢慢爬，爬到山上做什么？我们都是木头人，拿起枪来打敌人。

游戏图示：

木头人游戏

7. 老狼老狼几点了

游戏年龄：小班和中班

游戏目标：

1. 学习时间概念，同时提高幼儿的注意力。
2. 提高幼儿四散追逐的躲闪能力。

基本玩法： 幼儿在听到一个时间后快速跑到指定地点并保持不动。

游戏玩法：

1. 大家协商好几点时开始抓人，一名幼儿扮演"老狼"走在前面，若干幼儿扮演小兔子跟在"老狼"身后。

2. 跟在"老狼"身后的"兔子"边走边问"老狼老狼几点了"，"老狼"回答说"一点了""两点了"，直到喊"×点了天黑了，快回家"时，"兔子"四散跳跃回出发点站立不动，被"老狼"抓到的"兔子"则与"老狼"互换角色，继续游戏。

游戏提示：

1. 提醒幼儿追逐和逃跑时注意安全。
2. 游戏中可以变化动物角色，模仿动物的动作开展游戏。

游戏图示：

游戏"老狼老狼几点了"

8. 抓小鱼

游戏年龄： 中班和大班

游戏目标：

1. 提高幼儿迅速躲闪的反应能力。

2. 培养幼儿的游戏规则意识。

游戏玩法：

1. 若干幼儿手拉手站成圈搭成渔网，几名幼儿扮演"小鱼"在渔网中和渔网外慢慢游动。

2. 幼儿边"游泳"边念儿歌，当念到"小尾巴鱼"时，搭渔网的幼儿双手靠拢并蹲下，圈住在渔网中的"小鱼"，被圈住的幼儿停止游戏。当"小鱼"被网完时重新分配角色，游戏继续。

抓 鱼

一网不捞鱼，

两网不捞鱼，

三网捞条小尾巴鱼。

游戏图示：

多名幼儿围成圈扮演渔网	收"渔网"抓"小鱼"

9. 锁城门

游戏年龄： 中班和大班

游戏目标：

1. 训练幼儿动作的灵敏性，提高幼儿躲避被夹的反应速度。

2. 培养幼儿的合作意识。

基本玩法： 两名幼儿手拉手用胳膊夹住通过的幼儿。

游戏玩法：

1. 两名幼儿一组面对面双手搭成"城门",其余幼儿从"城门"下依次钻过。

2. 幼儿边钻边念儿歌,当念到"咔嚓一锁哈哈笑"时,"城门"向下一锁,被"锁"到的幼儿退出游戏。

游戏提示:游戏时,两名"锁城门"的人需将两手举高,在锁门时,需快速下蹲用胳膊夹紧被锁的人。

锁城门

城门城门几丈高,伸出双手够不着。

吃稀饭,咽辣椒,咔嚓一锁哈哈笑。

游戏图示:

幼儿双臂高举搭"城门"   关闭"城门""夹"人

10. 火车和飞机

游戏年龄:大班

游戏目标:

1. 培养幼儿的合作意识,提高幼儿的合作能力。
2. 训练幼儿的运动协调能力,提高胳膊的运动技巧。

基本玩法:利用胳膊关节的转动摆出火车和飞机的造型。

游戏玩法:

1. 幼儿每两名一组进行游戏。
2. 两名幼儿在起点站立,每人伸出一只胳膊并拉手变成"飞机"样,朝终点"飞"去，到达终点后，转动胳膊位置变成"小火车"开回起点，先到达者为胜。

游戏提示：

1. 先让幼儿掌握合作变成"飞机"和"火车"的技巧动作后，再进行游戏。

2. 在游戏变换造型的过程中双手不能分开。

游戏图示：

前一幼儿将手臂交叉，与后一幼儿拉手变成"火车"开动

11. 推小车

游戏年龄： 大班

游戏目标：

1. 发展幼儿攀爬运动中的手臂协调能力。

2. 提高幼儿合作意识，促进幼儿社会交往能力的发展。

3. 培养幼儿克服困难的坚强品质，提高幼儿坚持爬行的耐力。

基本玩法： 幼儿靠手臂力量向前爬行。

游戏玩法： 两名幼儿为一组，一名幼儿趴在地上，双臂撑起，后一名幼儿双手抬起前一名幼儿的双脚向前推行，两人合力一起从起点驶向终点，到达终点后两人交换位置返回起点。

游戏提示：

1. 游戏宜在平坦的塑胶地面上进行。

2. 游戏时，可根据幼儿的实际能力调整双手攀爬的速度和距离。

游戏图示：

推小车游戏

12. 挖地雷

游戏年龄： 大班

游戏目标：

1. 提高幼儿躲闪跑的能力，促进幼儿运动反应速度的发展。
2. 培养幼儿集体合作的规则意识，乐意并主动帮助他人。
3. 练习慢步走。

基本玩法： 一名幼儿扮"工兵"，其他幼儿扮"地雷"躲避"工兵"的追捕。

游戏玩法：

1. 在规定的圈内进行游戏，其中一名幼儿扮演"工兵"，其余幼儿扮演"地雷"。

2. 游戏开始后，"地雷"和"工兵"都需要学机器人慢慢走动，"工兵"开始挖（抓）"地雷"，若"地雷"蹲下，则"工兵"不能抓"地雷"，蹲下的"地雷"需保持不动等待其他"地雷"营救，其他"地雷"过来拍一下蹲下的"地雷"，蹲着的"地雷"喊"爆炸"则获救就可继续游戏，被"工兵"挖到的"地雷"需到场外等待。

3. 当只剩一名"地雷"时，其可蹲下后喊"爆炸"，则"工兵"输；当有多名"地雷"蹲下却没有走动的"地雷"时，"工兵"赢。

游戏提示：

1. 游戏中"工兵"只要在"地雷"未蹲下时触碰到就算抓住"地雷"。
2. 游戏中"地雷"要慢慢走动且不能跑出圈外。

游戏图示：

幼儿扮演"工兵"和"地雷"慢慢行走　　　　"地雷"蹲下保持不动

"地雷"互相"营救"并躲避"工兵"

13. 打豆腐

游戏年龄： 中班和大班

游戏目标：

1. 幼儿学习侧身翻转的动作技巧。
2. 培养幼儿的合作意识。
3. 学习数字统计。

基本玩法： 两名幼儿面对面手拉手通过翻绕手臂进行游戏。

游戏玩法：

1. 两名幼儿为一组双手拉直面对面站立。

2. 幼儿边念儿歌，边甩双臂，当念到"打×块"后，幼儿根据数字翻绕手臂，翻的方式为双臂拉紧旋转 360°，游戏反复进行。

游戏提示：翻绕手臂时两名幼儿应拉紧双手，游戏时双手不能松开。

打豆腐

炒炒炒黄豆，炒完了黄豆打豆腐。

一（×）斤黄豆打几块，打一（×）块。

游戏图示：

| 幼儿摇动双臂"炒黄豆" | 双手不能分开翻身"打豆腐" |

14. 摸 瞎

游戏年龄：中班和大班

游戏目标：

1. 锻炼幼儿的反应能力和判断能力。

2. 练习躲闪和跑步能力。

3. 发展幼儿的身体平衡能力，并根据声音判断方向抓捕其他人。

基本玩法：一名幼儿蒙住眼睛伸手去抓身边的其他人。

游戏玩法：

1. 一名幼儿用毛巾蒙住眼睛扮演"摸瞎人"，其他幼儿在指定范围内慢慢移动。

2. 游戏开始后，幼儿边躲边说"我在这里，来摸我呀"，或跑到"摸瞎人"的旁边轻轻触碰，当"摸瞎人"来抓人时再迅速躲开，被"摸瞎人"抓到的幼儿与其互换角色，继续游戏。

游戏提示：

1. 游戏场地需平坦宽敞并保证安全。
2. 游戏时抓拍人的动作要轻，且不能跑步，只能用走的方式抓人。

游戏图示：

一名幼儿蒙眼扮演"摸瞎人"　　　　　"摸瞎人"去抓拍他身体的人

15. 摸白菜

游戏年龄： 中班和大班

游戏目标：

1. 练习幼儿的跑步能力，提高动作的敏捷性。
2. 提高幼儿执行口令的迅速反应能力。

基本玩法： 幼儿跑到教师指定的位置去摸相应物体，摸完后迅速跑回。

游戏玩法：

1. 幼儿站在教师后面并一起向前慢慢走动。
2. 游戏时边拍手边念儿歌，当念到"摸摸×××"时，幼儿需迅速跑到指定地方摸过相应物体后返回出发点拍打教师，当所有幼儿回来后，游戏继续进行。

游戏提示： "×××"为前方某物，如墙壁、槐树等。

摸一摸

小朋友小朋友慢慢走，伸出手来揉一揉，

摸摸这儿，摸摸那儿，摸一摸前面的×××。

游戏图示：

幼儿跟在教师后面等待命令　　　　幼儿飞速跑去摸一下教师提到的东西

16. 猫捉老鼠

游戏年龄：中班和大班

游戏目标：

1. 锻炼幼儿迅速追捕、躲闪和钻跑的能力。
2. 提高幼儿的反应速度。

基本玩法：幼儿手拉手用手臂夹住穿过的幼儿。

游戏玩法：

1. 幼儿围成大圈，相互拉手做成洞门。一名幼儿扮演"猫"，另选一名幼儿扮演"老鼠"。

2. 游戏开始后，"老鼠"在圈内外钻来钻去，但不能跑离大圈。"猫"开始抓捕"老鼠"，当"老鼠"被抓后，"老鼠"和"猫"互换角色，或和拉圈的其他幼儿交换角色，继续进行游戏。

抓老鼠

老鼠老鼠真讨厌，偷吃米来又偷面。

请来一只大花猫，喵呜喵呜捉住它。

游戏图示：

猫捉老鼠游戏

17. 弹拐子

游戏年龄： 大班

游戏目标：

1. 提高幼儿身体平衡能力和协调能力。
2. 促进幼儿单脚弹跳力的发展。

基本玩法： 幼儿将一条腿自然抬起搁在另一条腿上并用手扶住，单脚跳跃。

游戏玩法： 将幼儿分成多组进行游戏。幼儿站立在起点，用手抓住一条腿，脚腕处抬起搭在另一条腿的大腿处，听教师口令迅速跳跃前进至终点，到达终点后用相同方式换另一条腿弹跳回起点，先到达者为胜。

游戏提示： 在直线跳跃中可设置障碍物以提高游戏的乐趣。

游戏图示：

弹拐子游戏

18. 背靠背拖车

游戏年龄：中班和大班

游戏目标：

1. 学习双臂背人的方法，锻炼幼儿的背力和腰力。
2. 培养幼儿的合作意识。
3. 增强幼儿的运动耐力，学习坚持完成任务。

基本玩法：以臀部为支撑点双手拽紧拖着幼儿前进。

游戏玩法：

1. 将幼儿分成多组，每组两名幼儿，手臂相套背靠背站立。
2. 游戏开始后，幼儿用双臂夹紧被背幼儿，快速从起点移步到终点，到达终点后，两人互换角色再返回出发点，先到达组为胜。

游戏提示：提醒幼儿在背的过程中，两人双臂要相互扣紧，游戏中被背幼儿不能掉下来，若掉下来则要背好再继续游戏。

游戏图示：

背靠背拖车游戏

19. 切西瓜

游戏年龄：中班和大班

游戏目标：

1. 训练幼儿的反应能力。

2. 培养幼儿的合作意识。

基本玩法：两人双手拉紧，另一名幼儿用手去"砍"，使拉着的手松开。

游戏玩法：

1. 幼儿围成圈拉紧手站好，选一名幼儿当"切西瓜手"，绕着圈外走动。

2. 幼儿开始念儿歌，当念到"风吹雨打都不怕"时，"切西瓜手"用手臂快速砍幼儿拉手的位置，被切开的"西瓜"（拉手的两人）则退出游戏，直到所有的"西瓜"都被切开时，选择新的"切西瓜手"，重新开始游戏。

游戏提示：

1. 游戏中要提醒扮演"西瓜"的幼儿双臂拉直，双手拉紧，以防"西瓜"被切开。

2. "切西瓜手"要趁"西瓜"不备时用力"砍"下，这样才能更容易把"西瓜"切开。

切西瓜

切，切，切西瓜，
切一块西瓜吃掉它，
风吹雨打都不怕。

游戏图示：

切西瓜游戏

20. 不倒翁

游戏年龄：中班和大班

游戏目标：
1. 发展幼儿腿部、腰部和手臂动作的协调能力。
2. 培养幼儿的合作意识。
3. 增强长时间用脚蹬和腿步伸直的耐力。

基本玩法： 以臀部为支持点，依靠脚的蹬力和腰的伸张力将身体拉起来。

游戏玩法： 两人一组面对面手拉手，一名幼儿平躺于地面，另一名幼儿坐于地面，两人双脚脚板对立蹬紧，幼儿拉紧双手，左右脚相互交替做来回屈伸动作，跟着节奏边念儿歌边游戏，当躺着的幼儿被拉起来时，另一名幼儿平躺下，这样来回交替进行。

游戏提示： 双脚要蹬平，双腿要伸展，腰部用力，双手不能松开，平躺的幼儿才能被拉起来。

不倒翁

说你呆，你真（不）呆，
推一推，歪一歪，
要你睡下去，你又站起来。

游戏图示：

不倒翁游戏

21. 红绿灯，停

游戏年龄： 小班和中班

游戏目标：

1. 培养幼儿迅速停顿的反应能力。
2. 培养幼儿的规则意识。

基本玩法：一名幼儿背对其他人，转身时其余幼儿需停止前进不动。

游戏玩法：一名幼儿捂住双眼背朝其他幼儿站立，其他幼儿从指定出发点逐渐向他快速走近，站立幼儿喊"红绿灯，停"时快速回头看，其他幼儿这时要定格不动，动的幼儿被抓则退出游戏，游戏继续进行。

游戏提示：游戏中，其他幼儿可扮演不同角色以不同的动作靠近背对站立喊停的幼儿，口令语速也可以根据游戏的需要放慢或者加快。

游戏图示：

"红绿灯，停"游戏

22. 摇旱船

游戏年龄：大班

游戏目标：

1. 锻炼幼儿的臂力和腰部力量。
2. 促进幼儿合作能力的发展。
3. 提高幼儿腰部伸展的耐力。

基本玩法：幼儿平躺于地，相互帮助压腿，以仰卧起坐的方式开展游戏。

游戏玩法：两名幼儿面对面坐于地面，互相用手臂夹住对方的小腿处，当一名幼儿坐起时，另一名幼儿用力抓住对方的双腿不动，两人依次交替拉起和躺下。

游戏提示： 游戏时两名幼儿的手一定要拉紧，以防其中一名幼儿摔倒。

游戏图示：

摇旱船游戏

23. 踢皮球

游戏年龄： 大班

游戏目标：

1. 锻炼幼儿单腿交叉跳跃能力，提高幼儿的身体平衡能力。
2. 练习反应能力，增进幼儿合作能力的发展。

基本玩法： 两名幼儿面对面一只脚抬起有节奏地做碰触游戏。

游戏玩法：

1. 两名幼儿面对面手叉腰，两条腿单腿跳跃交叉练习。
2. 两名幼儿手拉手、面对面，边读儿歌边单腿跳，抬起左脚尖踢到对方抬起的右脚尖，左右脚依次交错进行。

踢皮球

小皮球，用脚踢，一踢踢到一百一。

一五六，一五七，一八一九二十一。

二五六，二五七，二八二九三十一。

三五六，三五七，三八三九四十一。

四五六，四五七，四八四九五十一。

　　　　五五六，五五七，五八五九六十一。
　　　　六五六，六五七，六八六九七十一。
　　　　七五六，七五七，七八七九八十一。
　　　　八五六，八五七，八八八九九十一。
　　　　九五六，九五七，九八九九一百一。

游戏图示：

脚尖对脚尖踢皮球游戏

24. 猜　子

游戏年龄： 大班

游戏材料： 小石子

游戏目标： 培养幼儿的观察力和注意力。

基本玩法： 猜猜谁的手里拿着石子。

游戏玩法：

1. 以 8 人玩为例，先安排一人"排令"（放石子），一人"猜子"，其他 6 人并排站（或蹲）成一条直线，双手背在身后。"猜子"者站（或蹲）在队前 2 米处面对其他人，"排令"者手拿一枚石子，在队伍前后绕行一周，边走边与大家一起念"排令子，子排令，排到屋边屋面前，八月八，九月九，齐齐举起手"，当走到队伍后面时，他会悄悄地把石子塞进某一幼儿手中（即让 6 人中的一人拿着石子）。接着"猜子"者上前观察，猜猜石头在谁手里，被猜的幼儿要立刻松开拳头，如果手中有石子（即被猜中），便要站到"猜子"者一边，否则仍归队。

2. 游戏重新开始，直至剩下最后一人，此人将双拳伸到胸前，一高一低，让"猜子"者猜石子在哪只手，找到石子后最后一位幼儿当"猜子"，另选一名幼儿当"排令"，游戏重新开始。

游戏提示：石子或其他物品拿到手里时不能再传给其他人。

排令子

排令子，子排令，
排到屋边屋面前，
八月八，九月九，
齐齐举起手。

游戏图示：

幼儿开始数数藏石子　　　　　　　幼儿猜石子在谁的手里

25. 我们邀请一个人

游戏年龄：大班

游戏目标：

1. 增强幼儿拉拽的手臂力量。
2. 学习用跨步的方式站稳脚步不被拉动。
3. 发展幼儿之间的交流和合作能力。

基本玩法：幼儿面对面单手相互用力拉，看谁能被拉到对方位置。

游戏玩法：

1. 幼儿分甲、乙两组人数相等面对面站好，中间地面画一条线。

2. 幼儿手拉手念儿歌，当念完"×××来同他比"时，被点名的两名幼儿相对站立在中线两侧，脚尖相互顶住，手拉手用力拉对方，被拉过线的幼儿加入对方队伍。

游戏提示：

1. 手拉手时，不能移动脚的位置，被拉过线的幼儿为输。

2. 可以变化游戏玩法，两名幼儿面对面马步站稳，用双手推对方的手，先失去平衡者加入对方的队伍。

我们邀请一个人

甲：我们邀请一个人，我们邀请一个人。

乙：你们邀请什么人，你们邀请什么人。

甲：我们邀请×××，我们邀请×××。

乙：什么人来同他比，什么人来同他比。

甲：×××来同他比，×××来同他比。

游戏图示：

| 幼儿拍手唱儿歌 | 被点到名字的两人用力将对方拉入自己一组 |

26. 跨步抓人

游戏年龄： 中班和大班

游戏目标：

1. 练习跨步跳和双脚并拢跳的技能技巧。

2. 在抓与躲的过程中培养幼儿单脚站和双脚站的能力，提高幼儿控制身体平衡的能力。

基本玩法：两名幼儿面对面猜拳，谁赢谁先向前跳跃一步。

游戏玩法：

1. 两名幼儿间隔一定距离面对面猜拳，赢者向前跨一步，输者原地不动，继续猜拳跨步，直到两名幼儿快要碰面时，输者原地不动用手去抓对面幼儿，对面幼儿原地不动躲闪以防被抓，脚步移动算输，游戏重新开始。

2. 当赢者被抓到时，两名幼儿回起点猜拳继续跳，第一种情况，赢者又猜拳胜利，他可以连跨两步，输者原地不动，两人快要碰面时，保持一定距离，输者继续抓对面幼儿，脚步移动算输，游戏重新开始。

游戏提示：

1. 跨步时可双脚跳或跨越跳。

2. 幼儿一旦跨步完成就要立于原地不动，在抓与躲闪的过程中可以单脚站立也可双脚站立，但都不能移动步子，移动就算输。

3. 中班幼儿游戏时，可找一名幼儿当裁判，手拿粉笔，当两名幼儿都跳跃完毕后，用粉笔在他们的脚下画一个圈，以告知两名游戏中的幼儿在抓和躲闪时不能移出这个位置。

4. 游戏的另一种玩法是，两名幼儿相对站立在一个圈内，然后双方猜拳，赢的先跨一步，看看谁先到达对方的圈内。

游戏图示：

猜拳后跨步抓人

27. 偷"电报"

游戏年龄：大班

游戏材料：电报（信封）

游戏目标：

1. 训练幼儿跳跃和跨越的技能和技巧。
2. 培养幼儿的运动平衡力和毅力。

基本玩法：将"电报"放一指定位置，幼儿去抓其他人时，其他人在不被发现的情况下将"电报"拿到手。

游戏玩法：

1. 多名幼儿参与游戏，选一名幼儿当"电报员"，其他幼儿为"偷电报者"。

2. "电报员"将秘密信件放在指定位置，并蒙眼数数，数数时其他幼儿要赶快找地方藏起来，数完 20 后，"电报员"开始寻找其他幼儿，当发现第一名幼儿时就要喊"电报一×××"，发现第二名幼儿时喊"电报二×××"，依次去找其他幼儿，被找到的幼儿要站在放信件处停止游戏。在"电报员"找人的同时，其他躲藏的幼儿要在不被"电报员"发现的情况下设法偷"电报"。"电报"被偷则游戏结束，所有的人都被抓到游戏也结束，选出新的人员继续开始游戏。

游戏提示：

1. 被发现的幼儿被点名后不能再躲藏。
2. "电报员"需离开放信处去找其他人员，不能呆在原地守候。

游戏图示：

所有幼儿都站在藏放"电报"位置准备开始游戏

"电报员"开始数数，其他幼儿躲藏并不让"电报员"找到

第三节　幼儿园亲子类民间体育游戏

1. 穿越绳索桥

游戏年龄：小班、中班和大班

游戏材料：溜溜布（彩虹布）

游戏目标：

1. 幼儿练习手臂的力量和耐力。

2. 体验与亲人一起游戏的快乐。

基本玩法：家长平躺地面，用力将自己滑向终点。

游戏玩法：

1. 亲子配对分成两组，家长平躺地面，幼儿趴在父母身上以防掉下。

2. 游戏开始后，家长要用手臂的力量拉着自己滑向终点，途中要保护幼儿不掉下来。

游戏提示：

1. 要提醒幼儿抱紧家长。

2. 游戏时家长要贴紧地面，利用布的滑力到达终点。

游戏图示：

穿越绳索桥 　　　　　　　　　　游戏示范

2. 花轿向前冲

游戏年龄：中班和大班

游戏材料：花轿

游戏目标：

1. 促进家长之间的合作和交流。
2. 幼儿学会抓紧花轿两侧以保护自己不掉落。

基本玩法：两名幼儿坐入轿子，两名家长抬轿子向前冲。

游戏玩法：

1. 两对父子（女）为一组，幼儿坐在座椅上并抓紧两侧。
2. 两名家长抬起轿子，在保证轿子平衡的情况下跑向终点。

游戏提示：

1. 轿子由竹竿和竹椅制作，要将竹椅固定、加牢。
2. 游戏中提醒幼儿抓紧两侧横杆，也可用安全带将幼儿固定在竹椅上。

游戏图示：

花轿向前冲游戏

3. 脸盆大冒险

游戏年龄：小班、中班和大班

游戏材料：大塑料脸盆

游戏目标：

1. 促进家长之间的合作和交流
2. 幼儿练习用手臂抓握。

基本玩法：家长将脸盆抬起，并将幼儿送向终点。

游戏玩法：

1. 两对父子（女）为一组，两名幼儿背靠背坐在大脸盆里。
2. 游戏开始后，两名家长迅速抬起大脸盆，将两名幼儿送向终点，并掉头再返回起点。

游戏提示：

1. 大塑料脸盆要够结实，以保证幼儿的安全。
2. 在游戏中，家长要掌握好平衡的力度，以防失衡。

游戏图示：

游戏器材大脸盆　　　　　　脸盆大冒险游戏

4. 快乐骑大马

游戏年龄：大班

游戏材料：长竹竿

游戏目标：

1. 促进幼儿马步走的平衡能力和协调能力的发展。

2. 亲子合作，有节奏地一起向前走。

基本玩法： 家长和孩子骑在长竹竿上一起向前走。

游戏玩法：

1. 亲子配对分成三组，每组 3 对，双手握着竹竿，以家长、幼儿、家长、幼儿、家长、幼儿的顺序骑跨在长竹竿上。

2. 游戏开始后，家长与幼儿合作有节奏地用最快的速度从起点冲向终点。

游戏提示：

1. 长竹竿选择较粗壮的，长度 3—4 米，还可用彩纸进行装饰，以提高器材的美观性。

2. 在走的过程中家长要主动保护幼儿，并按照幼儿的步伐和节奏来迈步行进。

游戏图示：

快乐骑大马游戏

5. 合力踩高跷

游戏年龄：中班和大班

游戏材料：高跷

游戏目标：

1. 发展幼儿身体的平衡能力和协调能力。
2. 促进亲子之间的情感交流。

基本玩法：幼儿踩在父母的脚上向前走。

游戏玩法：

1. 幼儿踩在高跷上，家长坐在终点，等待孩子的到来。
2. 幼儿踩着高跷以最快的速度走到自己的父母面前，将高跷放在一边，双脚踩在家长的脚面上，家长用双手扶着幼儿的胳膊，快速走回终点。

游戏提示：

1. 游戏时，家长要用力扶住孩子的双臂，以防孩子摔倒。
2. 家长双手各提一只小桶，可提高游戏难度及趣味性，幼儿则应抱紧家长的腰以保持平衡，防止摔倒。

游戏图示：

幼儿踩高跷走到爸爸妈妈面前　　　亲子协力踩高跷

6. 运西瓜

游戏年龄：中班和大班

游戏材料：轮胎、滑板车、篮球和框子

游戏目标：

1. 促进亲子之间的情感交流。

2. 幼儿抱紧篮球享受速度的快感。

基本玩法： 用滑板车将幼儿从起点送向终点。

游戏玩法：

1. 以一组亲子为单位开展游戏，将轮胎放在滑板车上，幼儿坐在轮胎上准备出发。

2. 家长用力推车从起点冲向终点，幼儿在终点抱起篮球坐上车，家长和幼儿一起将"西瓜"送回起点，最先送回 3 个为胜。

游戏提示：

1. 轮胎要摆到恰当位置，运行时幼儿才不易滑落下来。

2. 家长要掌握推动的速度，以防幼儿摔伤。

游戏图示：

游戏器材 　　　　　　　　　运西瓜游戏

7. 我抱你投

游戏年龄： 中班和大班

游戏材料： 投壶器材（竹制圆环和瓶子）

游戏目标：

1. 发展幼儿的手眼协调能力。

2. 提高幼儿目测观察力。

3. 促进亲子之间的情感交流。

基本玩法：家长抱起孩子，幼儿将圆环套在瓶身上。

游戏玩法：

1. 以一对亲子为单位，站在起点上做准备。

2. 游戏开始后，幼儿手拿 5 个圆环，家长抱起幼儿跑向终点线，并用臂力将幼儿向前送出，幼儿瞄准瓶子将圆环投掷出去，套得多的一组为胜。

游戏提示：游戏中，家长要抱紧幼儿，可用语言指导投掷圆环。

游戏图示：

我抱你投游戏

8. 抛接沙包

游戏年龄：大班

游戏材料：竹筛、沙包

游戏目标：

1. 练习幼儿的投掷能力和投掷的精准度。

2. 家长能够接住幼儿投来的沙包。

3. 提高家长与幼儿之间的配合能力。

基本玩法：家长与幼儿面对面相隔一定距离站立，家长接住幼儿抛来的沙包。

游戏玩法：

1. 以一对亲子为单位，面对面相隔一定距离站立，幼儿手持沙包（共 10 个），家长手持竹筛。

2. 游戏开始后，幼儿将沙包投向家长，家长要移动步伐接住投来的沙包。

游戏提示：提醒幼儿在投掷沙包的时候要向上抛出，家长也可与孩子互换角色进行游戏。

游戏图示：

抛接沙包游戏

9. 接力快走

游戏年龄：中班和大班

游戏材料：30×30厘米的厚纸片

游戏目标：

1. 提高幼儿的身体平衡能力和运动的协调能力。

2. 学习与人配合，与父母一起完成接力游戏。

3. 促进亲子之间的情感交流。

基本玩法：家长和幼儿前后站立，用接力纸片的方式朝前走。

游戏玩法：

1. 地面平放三张纸片，家长和幼儿前后分别站立在一张纸片上准备游戏。

2. 游戏开始后，家长和幼儿都要轮流将最后一张纸片绕过前面人员的身体以移到最前面位置，直到走到终点。

游戏提示：游戏中双脚不能离开纸片，保持身体平衡。

游戏图示：

幼儿合作的接力快走游戏　　　　　　亲子接力快走游戏

10. 齐心协力

游戏年龄： 中班和大班

游戏材料： 溜溜布（彩虹布）

游戏目标：

1. 促进家长之间的合作和交流，凝聚班级集体力量。

2. 促进幼儿在不规则地面上爬行技能的发展。

基本玩法： 幼儿从抬起的溜溜布上爬行而过。

游戏玩法：

1. 以班级为单位，家长面对面两两站立，将溜溜布抬至一定高度，溜溜布两头分别站一名家长帮助幼儿爬上和爬下。

2. 游戏开始后，幼儿排队从溜溜布的起点爬向终点，比一比哪个班的幼儿爬的速度最快。

游戏提示：

1. 家长拉起溜溜布时要用手拽紧布的两侧，同时一只腿向前弓出，以保持身体的平衡。

2. 游戏中有幼儿摔下时，家长要将布条的高度降低，以保证爬行的安全。

游戏图示：

班级之间的比赛　　　　　　　　齐心协力游戏

结　语

结　语

民间游戏是我们儿时的伙伴，
她是我们童年的梦。
民间游戏是我们成长的玩伴，
她送给我们快乐、刺激和欢声笑语，
她教给我们责任、忍让、坚强和勇敢，
她让我们交了朋友，强了体魄。
这就是民间游戏的乐趣所在，
让我们一起继承经典，传承文化。

图书在版编目（CIP）数据

幼儿园民间体育游戏课程/赵晓卫，李丽英，袁爱玲编著．—福州：福建教育出版社，2015.6（2024.11重印）
（全国幼儿教师培训用书/袁爱玲主编）
ISBN 978-7-5334-6759-3

Ⅰ.①幼…　Ⅱ.①赵…　②李…　③袁…　Ⅲ.①体育游戏—学前教育—教师培训—教材　Ⅳ.①G613.7

中国版本图书馆 CIP 数据核字（2015）第 084657 号

全国幼儿教师培训用书
丛书主编　袁爱玲

You'eryuan Minjian Tiyu Youxi Kecheng
幼儿园民间体育游戏课程
赵晓卫　李丽英　袁爱玲　编著

出版发行	福建教育出版社
	（福州市梦山路 27 号　邮编：350025　网址：www.fep.com.cn
	编辑部电话：0591-83726908
	发行部电话：0591-83721876　87115073　010-62024258）
出 版 人	江金辉
印　　刷	福建东南彩色印刷有限公司
	（福州市金山工业区　邮编：350002）
开　　本	710 毫米×1000 毫米　1/16
印　　张	12.5
字　　数	178 千字
插　　页	1
版　　次	2015 年 6 月第 1 版　2024 年 11 月第 11 次印刷
书　　号	ISBN 978-7-5334-6759-3
定　　价	28.00 元

如发现本书印装质量问题，请向本社出版科（电话：0591-83726019）调换。